KB269271

10대라면 반드시 알아야 할
지식교양 백과사전

: 세계 지식편

10대라면 반드시 알아야 할
지식교양 백과사전 : 세계 지식편

초판 1쇄 인쇄 2025년 9월 22일
초판 1쇄 발행 2025년 9월 29일

지은이 김옥림
펴낸이 박세현
펴낸곳 팬덤북스

기획 편집 곽병완
디자인 김민주
마케팅 전창열
SNS 홍보 신현아

주소 (우)14557 경기도 부천시 조마루로 385번길 92 부천테크노밸리유1센터 1110호

전화 070-8821-4312 | **팩스** 02-6008-4318
이메일 fandombooks@naver.com
블로그 http://blog.naver.com/fandombooks

출판등록 2009년 7월 9일(제386-251002009000081호)

ISBN 979-11-6169-363-7 03030

지식 교양 백과사전

10대를 위한 지식수업

지식의 본질은 교육이나 경험, 연구를 통해 얻은 체계화된 인식의 총체를 말한다. 그러니까 지식은 사물을 인식하고 그것을 알게 됨으로써 자신의 지적능력으로 배양시키는 행위인 것이다. 다시 말해 지식은 곧 '앎'을 뜻한다. 우리가 학문을 배우고 익히는 것은 곧 지식을 기르기 위한 행위이다.

그런데 지금 우리나라 교육은 지식을 가르치는 것이 아니라 좋은 학교에 들어가기 위한 수단으로써의 교육이다. 이는 지식의 본질을 오도誤導 하는 나쁜 일례일 뿐이다. 그러다보니 배움을 즐겁게 하는 것이 아니라 마지못해 억지로 하는 행태이고 보니 가르치는 사람이나 배우는 학생이나 힘들기는 마찬가지이다.

물론 학교에서도 지식을 가르치고 싶겠지만, 교육현실이 그렇다보니 어쩔 수 없이 점수 따기 공부를 가르치는 일에 매진할 수밖에 없을 것이다. 그러니 이런 교육풍토에서 지식을 논하고, 지식을 가르치는 일은 어쩌면 요원한 일일 수도 있을 것이다. 그런 까닭에 진짜 공부는 스스로 읽고, 쓰고, 그럼으로써 배우고 익히는 것이다. 왜일까? 이런 과정을 통해 지적능력이 길러지고 자신만의 지식의 체계가 이루어지는 까닭이다.

나는 이에 대해 우리 10대들이 즐겁게 지식을 기르고 쌓을 수 있도록, 10대들이 꼭 알아두었으면 하는 6가지 분야를 조목조목 정리하여 책으로 펴내게 되었다.

첫째, 세계 음악이다. 고전주의 음악, 낭만주의 음악, 칸타타, 오라토리오, 요제프 하이든, 펠릭스 멘델스존, 안토니오 비발디, 요하네스 브람스 등 음악의 이론과 사상 그리고 작곡가들의 삶을 배우고 익히는 데 도움을 주고자 했다.

둘째, 세계 미술이다. 베네치아 비엔날레, 금세기 미술화랑, 큐레이터, 아방가르드, 미술사조, 미켈란젤로, 레오나르도다빈치, 클로드 모네, 앙리마티스 등 미술의 이론과 화가들의 삶을 이해하고 배우는 데 도움이 되고자 했다.

셋째, 세계 스포츠다. 근대 올림픽, 마라톤, 월드컵, 서울올림픽, 피겨스케이팅, 컬링, 쇼트트랙, 씨름, 골프, 버저비터, 30-30클럽 등 세계 체육사의 흐름과 배경 및 체육 용어를 알기 쉽게 정리하여 체육상식의 폭을 넓히는 데 도움을 주고자했다.

넷째, 세계 경제경영이다, 경제학의 대가 애덤스미스, 현대경영학의 아버지 피터드러커, 어바인 라빈스, 마크 저커버그, 헨리포드, 맥도날드의 설립이야기, 루이비통의 설립이야기, 필립스의 설립이야기, 다임러벤츠의 설립이야기 등 세계적인 경제학자와 경영자, 세계적인 기업의 탄생의 배경을 흥미롭고 재밌게 구성하여 경제경영을 이해하는 데 도움을 주고자 했다.

다섯째, 동양 사자성어다. 과유불급過猶不及, 과이불개過而不改, 구시화문口是禍門, 권토중래捲土重來, 금의환향錦衣還鄉, 단사표음簞食瓢飲 등 사자성어의 유래와 뜻을 손바닥소설처럼 재밌게 읽고 알기 쉽도록 구성하여 도움을 주고자 했다.

여섯째, 세계 명언이다. 무엇이든 시작은 어려운 법이다, 선택의 중요성, 어려움은 누구에게나 있다, 성공의 의지, 성공했다고 믿고 시작하라, 지금 당장 시도하라, 승자의 자세, 위대한 도전정신 등 세계적으로 유명한 이들의 명언과 그것을 바탕으로 10대들이 그들이 추구했던 삶의 가치와 목적에 대해 재밌게 구성하여 인생을 살아가는 데 있어 도움을 주도록 했다.

이상에서 보듯 이 책엔 6가지 다양한 분야의 결정체가 햇살 머금은 진주와 같이 반짝이며 빛나고 있다. 이 책은 10대들의 지식백과사전으로서 매우 유용하고 가치 있게 활용되리라 믿는다. 이 책을 읽는 10대들 모두의 앞날이 꿈과 희망으로 가득 차 빛나길 응원한다.

김옥림

CHAPTER
1

삶의 기쁨과 정서의 빛
— 세계 음악 —

01 메시아

게오르크 프리드리히
헨델(1685~1759)
작곡가. 대표 작품 : <메시아>
<수상 음악> <왕궁의
불꽃놀이>

음악의 어머니로 불리는 바로크 시대의 위대한 음악가 프리드리히 헨델. 그는 〈앤 여왕의 생일을 위한 송가〉를 작곡하여 영국 앤 여왕의 총애를 한몸에 받고 왕실 예배당의 작곡가가 되어 왕립음악아카데미의 음악감독으로 상연되는 오페라를 대부분 작곡하였다. 그는 음악가가 누릴 수 있는 명성을 누리며 부유하게 살았던 음악사에서 가장 축복받은 음악가였다.

그런 그에게도 불행은 찾아왔다. 1737년 뇌일혈로 발작을 일으키며 병을 얻게 된 데다 오페라의 쇠퇴로 그가 운영하던 극장이 파산했고 그는 빈 털털이가 되었다. 그는 방황의 나날을 보냈다. 그의 나이 56살이던 어느 겨울날 하나의 봉투를 받게 된다. 시인 찰스 제네스가 보낸 것이었다. 봉투 안에는 '신에게 바치는 오라트리오'라는 글씨가 쓰여 있었다. 오라토리오를 즉시 작업할 수 있는지 여부를 묻는 내용이었다.

헨델이 대충 훑어보고 봉투를 내려 놓으려는 순간이었다. 그는 한 대목에서 눈길이 멈추었다. 그는 글을 읽고 감흥을 받아 자신도 모르게 눈물을 흘렸으며 가슴이 불덩이처럼 이글거림을 느꼈다. 순간 머릿속에서는 알 수 없는 멜로디가 떠올랐다. 그는 즉시 펜을 들고 악보를 그려 나갔다. 그는 작곡을 시작한 지 23일만에 곡을 완성했다. 곡을 완성한 헨델의 얼굴에는 기쁨으로 가득했다.

〈메시아〉는 많은 사람들의 기대 가운데 상연되었다. 상연 후 극장에 있던 사람들은 감동에 젖은 얼굴로 들떠 있었다. 당시 국왕이었던 조지

2세가 합창을 듣고 감동한 나머지 벌떡 일어났던 일화는 지금까지 전해
져 내려온다. 헨델은 자신에게 주어진 재능을 아낌없이 쓴 천재 작곡가
였다.

02 고전주의

루트비히 판
베토벤(1770~1827)
오스트리아 작곡가. 대표 작품 :
<영웅> <합창>

고전주의 음악은 1750년부터 1810년까지의 기간 동안 오스트리아 빈을 중심으로 발전한 서양 음악사조를 뜻하는 말이다. 고전주의 음악이란 명칭을 처음 사용한 음악사학자는 하이든, 모차르트, 베토벤의 음악을 독일 문학에서의 바이마르 고전주의를 모델로 삼아 고전적이라고 이름 붙였다.

그런데 여기서 한 가지 주목할 것은 고전주의라는 것은 일반적인 것이 아닌 베토벤, 하이든, 모차르트의 음악과 다른 음악을 구별하는 기준, 그러니까 질적 개념으로 사용했던 것이다. 이후 고전주의라는 명칭은 이들의 교향곡이 모범적인 음악으로 고정되면서 보케리니, 클레멘티 등의 음악가들도 이들 세 사람과 같은 작곡 스타일을 따라 썼다. 고전이란 말은 음악사에서 이들 음악가들 전체를 뜻하는 시대의 사조로 쓰이게 되었다.

고전주의 음악의 특징으로는 주요 3화음을 중심으로 한 기능화성법의 확립, 소나타 형식에서의 제1, 제2 주제의 조성을 으뜸음과 딸림음과의 관계에서 파악하여 두 주제의 성격적 대비를 갖게 했다는 것과 힘써서 주제를 담은 역작원리의 확립, 2관 편성 오케스트라, 소나타 형식에 바탕을 둔 교향곡, 협주곡, 실내악곡, 독주곡과 같은 악곡 형식을 끌어냈다는 점 등을 들 수 있다.

이른바 초기 고전파는 바흐와 헨델에 의해 완성된 바로크 시대에서 하이든과 모차르트에 의한 새로운 정점이 이룩되기까지인 1720년부터 1780년까지의 시기를 뜻한다. 빈고전파는 초기 고전파를 바탕으로 하여 빈을 중심으로 창작활동을 하여 하이든, 모차르트, 베토벤에 의하여 그 절정을 이루었다. 특히 이들이 취한 새로운 스타일의 양식은 고전파 음악의 발전을 이끌었으며, 새로운 양식의 원리를 바탕으로 하여 교향곡 외에 협주곡, 실내악도 현저한 발전을 보였다는 데 그 의미가 크다고 하겠다.

03 낭만주의

프란츠 슈베르트(1797~1828)
오스트리아 작곡가. 대표 작품 :
<마왕> <송어>

서양 음악사에서 1815년부터 1960까지의 음악사조를 낭만주의 음악이라고 한다. 음악사학자들 가운데 어떤 이들은 1890년까지로 주장하기도 하며, 1890년부터 1980년대까지를 세기 전환기 음악으로 구분하기도 한다. 하지만 19세기 음악은 역사주의 음악, 비더마이어 음악, 민족주의 음악, 사실주의 음악, 인상주의 음악 등 다양한 사조의 경향이 혼재되어 있다. 이처럼 낭만주의는 19세기 전반 주도적인 역할을 담당하긴 했지만, 이는 결국 19세기에 다양한 한 현상에 불과한 것이라고 할 수 있다.

이에 대해 몇 가지를 살펴보기로 하겠다.

첫째, 역사주의 음악은 19세기 음악사조뿐 아니라 작품의 생산과 재생산에 과정에서 매우 중요한 역할을 하였다. 이는 19세기의 지배적 사조 가운데 하나였는데 모든 사상을 역사의 과정으로 분석하고, 그 가치나 진리도 역사과정에서 나타난다고 주장하는 주의이다.

둘째, 민족주의 음악은 하나의 공통된 음악언어가 존재해왔는데 특히 바흐가 양식과 사상의 통합을 이뤄냈다. 그러나 19세기 후반 자유주의 운동과 민족주의 운동의 전개 영향으로 음악에서도 서유럽의 음악적 영향과 지배를 받아 자신의 민족적 양식을 확립하지 못했던 동부유럽과 러시아, 북유럽 등을 중심으로 민족주의 음악 경향이 형성되었다.

셋째, 인상주의 음악은 클로드 드뷔시가 상징파 시인을 비롯해 인상파 화가들과 교류하며 인상주의에 대해 몰입하여 주도함으로써 인상주의 음악의 창시자가 되었다.

넷째, 낭만주의 음악은 독일 낭만주의로 슈베르트에서 슈만까지를 다루고, 중기 낭만파로는 프랑스와 이탈리아의 오페라 작곡가나 쇼팽을 다룬다. 그리고 후기 낭만주의는 베를리오즈, 리스트, 바그너 등을 든다. 그밖에 브람스, 브루크너, 구노, 비제, 베르디를 들 수 있다. 이렇듯 낭만주의 음악은 널리 확산되어 그 시대에 주류를 이루었던 것이다.

04 칸타타

요한 제바스티안 바흐
(1685~1750) 독일 작곡가,
대표 작품: <미사곡> <마태
수난곡>

칸타타Cantata는 성악곡의 하나로 독창, 중창, 합창과 악기반주가 함께 어울려 연주되는 악곡의 형식이다. 칸타타란 노래한다는 의미로 처음에는 일반적인 성악곡을 의미하였다. 칸타타는 몇 개의 악장으로 된 바로크 시대의 중요한 성악곡이다. 하나의 연속적인 서술을 가사로 가지고 있으며 아리아, 레치타티보, 중창, 합창 등으로 노래하였다. 그리고 전곡이 독창만으로 된 것도 있고, 합창만으로 된 것도 있다.

칸타타는 내용에 따라 세속일반적인 칸타타와 교회 칸타타의 두 가지로 나눈다.

첫째, 세속 칸타타는 교회예배 목적이 아닌 일반인들, 다시 말해 가족이나 친지들의 결혼식과 아기탄생을 축하하기 위해 연주되었다. 역사적으로는 세속 칸타타가 교회 칸타타보다 더 오래 되었으며 17세기 초엽 이탈리아에서 탄생하여 발전하였다. 특히 이탈리아에서는 아리아와 레치타티보가 교대로 된 독창용 칸타타가 번성하였고, 카리시미, 체스터 등의 손을 거쳐 나폴리 악파의 스카를라티의 800곡이나 되는 칸타타에서 정점을 이뤘다.

둘째, 교회 칸타타는 일요일에 교회행사 및 축제일을 위한 예배용 음악으로 작곡된 것이다. 교회 칸타타는 17세기 말부터 18세기에 걸쳐 독일에서 발달하였는데, 코랄 가락이 즐겨 쓰였고 합창이 매우 중요시되었다. 교회 칸타타의 작곡가로는 북스테후데, 텔레만, 요한 제바스티안 바흐 등이 있다. 특히 바흐의 현존하는 200여 곡은 교회 칸타타의 걸작으로 평가받고 있다.

　현대에 와서 칸타타는 전통 칸타타와 확연히 구분되며 한 주제를 가지고 다양한 장르의 음악을 조합한 공연이다. 특히 크리스마스 칸타타는 다양한 장르의 크리스마스 음악과 함께 성탄 메시지를 포함하여 성탄의 의미 전달에도 큰 비중을 두고 있어 그 의미를 더한다.

오라토리오

하이든의 〈천지창조〉 공연 모습(1808)

오라토리오는 성악의 일종으로 줄거리가 있는 곡의 모임이지만 배우의 연기 없이 연주된다. 종교적인 내용을 위주로 담고 있다. 독일의 수난곡도 이와 비슷한 형식을 가지고 있다. 오페라에 비하여 오라토리오에서는 독창보다 합창이 중요시되며. 테스토 또는 이스토리쿠스라고 하는 이야기하는 사람이 극의 진행을 담당하는 것이 특징이라고 하겠다. 그러나 오라토리오는 때로 교회 칸타타, 수난곡, 종교적 오페라와 구별이 잘 안 되는 경우도 있다.

오라토리오의 초기 작곡가로서는 아넬리오와 마조키가 있다. 고전적 오라토리오의 시조는 카리시미이다. 작품으로는 〈예프테〉〈솔로몬의 재판〉 등이 있다. 독일의 오라토리오는 슈츠에게서 시작되었다. 그의 작품으로는 〈부활 오라토리오〉〈크리스마스 오라토리오〉가 있다. 바흐의 작품으로는 〈크리스마스 오라토리오〉〈부활제 오라토리오〉가 있다. 영국의 오라토리오는 헨델이 대표적으로 그의 작품으로 〈이집트의 이스라엘 사람〉〈유다스 마카베우스〉 등 세계적으로 가장 널리 알려진 〈메시아〉가 있다.

18세기에서 19세기에는 하이든의 〈천지창조〉〈4계〉와 멘델스존의 〈성 바울〉〈엘리아〉가 있다. 그리고 리스트의 〈성 엘리자베스의 전설〉, 베를리오즈의 〈어린 예수〉, 브람스의 〈독일 레퀴엠〉이 있다. 이중 〈독일 레퀴엠〉은 오라토리오와 레퀴엠의 중간적 성격을 가진 것이 특징이다.

20세기의 오라토리오는 오노게르의 〈다윗 왕〉〈화형대의 잔다르크〉, 스

트라빈스키의 〈오이디푸스 왕〉, 힌데미트의 〈무한한 것〉, 쇼스타코비치
의 〈숲의 노래〉 등이 있다.

장 바티스트 륄리
(1632~1687) 프랑스 작곡가.
대표작품 : <사랑의 의사>
<강제 결혼>

바로크 시대 음악은 17세기에서 18세기의 유럽 음악을 일컫는다. 바로크란 포르투갈어로 '찌그러진 진주'라는 뜻이다. 바로크는 17, 18세기에 있어 미술 양식을 말하는 것으로, 17세기에서 18세기의 음악도 자연스럽게 이 명칭으로 불리었다.

바로크 음악을 역사적으로 살펴보면, 정치적으로는 왕정으로부터 계몽주의로 나아가는 것을 알 수 있다. 경제적으로는 중상주의, 철학사적으로는 합리주의와 계몽주의적인 사조의 흐름 속에서 볼 수 있다. 이러한 사회적 상황이 여러 번 겹치게 됨으로써 궁정, 도시, 교회 등 활동 범위를 기초로 하여 바로크 음악이 형성되었다.

바로크 음악은 르네상스 음악의 다음 단계의 음악으로 잠깐의 과도기를 걸친 뒤 고전주의 음악으로 이어진다. 바로크 음악은 3단계로 나눌 수 있다. 초기는 1580년에서 1630년이고, 중기는 1630년에서 1680년이며, 말기는 1680에서 1750년이다.

초기 바로크 음악은 르네상스 말기 지오반니 드 바르디의 후원 아래 인문학자, 시인, 음악가들은 카메라타라는 모임을 결성해 음악과 연극 등에 대해 논의를 이어갔다. 이들은 고대 그리스의 음악극을 가장 뛰어난 종류의 예술로 보았으며, 폴리포니와 기악음악을 거부하며 카테라 반주에 독주가가 노래하는 종류의 음악인 모노디에 대한 아이디어를 발전시켜 나갔다.

자코모페리가 이러한 아이디어를 <디프네> <에우리디체>에서 선을 보였는데 이것이 바로크 음악의 효시였다. 중기 바로크 음악은 루이 14

세로 대표되는 절대왕정의 시대가 도래됨에 따라 부와 권력이 궁중으로 집중되기 시작했다. 이로 인해 자연스레 음악의 중심도 교회에서 궁중으로 옮겨졌다. 또한 궁중에서 연주되기에 적합한 실내악이 만들어졌다.

대표적인 작곡가는 장 바티스트 륄리이다. 그는 당시 프랑스 궁중에 고용된 유일한 작곡가로 최초의 지휘자 가운데 한 명이다. 륄리는 현악을 중심으로 오케스트라를 구성했는데, 이 조합은 이후 이탈리아 오페라를 거쳐 현대로 이어졌다.

독일에서는 디트리히 북스테후데가 교회 음악의 전통을 이어갔다. 북스테후데는 교회에 부임하여 각종 전례에 따른 음악을 작곡하는 등 전통을 이어갔다. 교회 이외에는 아벤트 뮤지크라는 이름의 연주회가 개최되었는데, 여기서 발표된 종교극들을 오페라와 같은 종류로 보는 시각도 있다.

07 교향곡

표트르 차이콥스키
(1840~1893) 러시아 작곡가.
대표 작품 : <백조의 호수>
< 호두까기 인형>

교향곡은 악곡의 형식 가운데 하나로 관현악을 위한 음악을 뜻한다. 교향곡은 4악장으로 구성되었으며, 1악장은 소나타 형식으로 되었다. 이에 대해 음악전문가들은 고전파 음악의 구조라고 말한다. 교향곡을 의미하는 심포니는 소리의 조화 혹은 성악 또는 기악곡 연주회를 뜻하는 그리스어 쉼포니아, 그리고 조화로운을 뜻하는 쉼포노스에서 나온 말로 세비야의 이시도르가 처음 썼는데, 북가죽이 두 대인 북을 지칭하는 말이었다.

교향곡을 18세기 교향곡, 19세기 교향곡, 20세기 교향곡 등 시대별로 살펴보는 것은, 교향곡을 이해하는 데 많은 도움이 될 것이다.

먼저 18세기의 교향곡은 서곡, 리피에노 콘체르토와 더불어 초기 교향곡은 세 악장으로 구성되어, 박자는 '빠른-느린-빠른' 구성이었다. 이 시대의 교향곡은 공연용, 오페라곡, 교회음악이든 연주 곡목에서 주요한 작품이 아니었다. 다른 작품 사이에 곡을 나누어서 끼워 넣거나 모음곡 혹은 서곡에 뽑아 썼다. 성악이 주였고, 교향곡은 서곡, 간주곡, 후주곡으로 썼다.

19세기의 교향곡은 음악회에서 가장 중요한 위치를 차지했다. 베토벤은 교향곡의 발전에 지대한 영향을 끼쳤다. 그의 교향곡은 우아한 미뉴에트 대신 더 생기 있는 스케르초를 쓰기도 했다. 로베르트 슈만과 펠릭스 멘델스존은 낭만주의 음악의 화성적 표현을 발전시킨 독일 음악가이다. 19세기말 교향곡을 쓴 음악가로는 안톤 브루크너, 차이콥스키이다.

20세기 초 구스타프 말러는 규모가 크고 긴 교향곡을 썼다. 요한 슈트라우스는 교향시 형식을 응용한 교향곡을 썼다. 20세기에는 교향곡의 양식과 내용도 많은 변화를 보여주었다. 드미트리 쇼스타코비치나 세르게이 라흐마니노프 같은 음악가들은 전통적인 4악장 형식을 계승했으나, 장 시벨리우스와 알란 호바네스 등은 다른 형식을 취하기도 했다.

13개의 관악기를 위한 세레나데

리하르트 슈트라우스
(1864~1949) 독일 작곡가.
대표작품 : <이탈리아에서>
<돈후앙>

〈13개의 관악기를 위한 세레나데〉는 1882년 리하르트 슈트라우스에 의해 작곡된 초기의 작품으로, 관악합주를 위한 작품이다. 이 곡은 1882년 11월 27일에 프란츠 뷜로의 지휘로 드레스덴 국립 관현악단에 의해 초연되었다. 제1 호른을 연주하는 것은 오스칼 프란츠로 그는 왕립 작센 실내 음악가라는 칭호를 가진 사람으로, 이 세레나데를 통해 슈트라우스와 친교를 맺고 그로부터 호른 협주곡 1번을 헌정 받았다.

리하르트 슈트라우스의 세레나데 초연은 대단한 인기를 끌며, 이듬해 1월에 같은 단원들에 의해 두 번째 연주회가 열렸다. 그리고 1883년 12월 26일에는 마이닝겐에서 뷜로의 지휘로 마이닝겐 궁정악단이 연주하였다. 이후 슈트라우스와 친하게 지내던 한스 폰 뷜로의 지휘로 독일 각지에 소개되어 그의 명성은 널리 알려졌다. 이로써 세레나데는 슈트라우스의 출세작의 하나가 되었다.

슈트라우스는 뷜로의 권유로 13개의 관악기를 위한 모음곡의 작곡을 시작했다. 그런데 세레나데는 오리지널에서는 13명의 관악기 연주자들에 의해 연주되었다. 다만 콘트라바순은 당시 독일의 로컬 오케스트라로서는 구하기 어려운 악기로 대신 튜바로 해도 좋다고 되어 있다. 또한 저음에서는 더블베이스를 더 해도 좋다고 되어 있다. 그리고 지휘자를 두어야 할지에 대해 슈트라우스는 딱히 지정하지 않았다. 13명이라는 사람수로만 보면 지휘자를 두는 것이 좋은데도 말이다. 이는 슈트라우스만의 생각이라고 할 수 있다.

리하르트 슈트라우스는 선율적 발상에서는 멘델스존과 브람스적인

면이 많다. 이렇듯 슈트라우스의 〈13개의 관악기를 위한 세레나데〉는
그를 대표하는 곡이자 그의 분신과도 같다고 하겠다.

09 무반주 첼로 모음곡

무반주 첼로 모음곡 악보

여섯 개의 무반주 첼로 모음곡은 요한 세바스찬 바흐가 작곡한 역사상 무반주 첼로 솔로를 위해 쓴 작품 중 최고의 작품으로 평가받는다. 이 모음곡은 다양한 기술적 요소와 풍부한 감정적 표현을 담고 있다. 이곡을 듣다보면 마음이 차분해지며 마치 숲속 오솔길을 걷는 듯한 기분이 든다. 그것은 이 곡이 주는 부드러움과 음의 강약에서 오는 자연스러움, 곧 친숙함과 친근감에 의한 것이다.

무반주 첼로 모음곡은 바이올린, 비올라, 더블베이스, 비올라 다감바, 만돌린, 피아노, 마림바, 클래식 기타, 리코더, 프렌치 호른, 색소폰, 베이스 클라리넷, 바순, 트럼펫, 트롬본, 유포니움과 튜바 등의 다양한 악기들로 편곡되어 왔다. 일반적으로 작품들의 형식을 비교하고 분석해 볼 때 첼로 모음곡들은 바이올린 소나타들이 작곡된 1720년 이전에 쓰였다는 게 음악 연구가들의 중론이다.

무반주 첼로 모음곡은 각각 여섯 개의 악장이 다음과 같은 구조와 순서로 배열되었다. 제1악장은 〈프렐류드〉, 제2악장은 〈알르망드〉, 제3악장은 〈쿠랑트〉, 제4악장은 〈사라반드〉, 제5악장은 〈갤런트〉로 **모음곡 1, 2번은 미뉴에트, 모음곡 3, 4번은 부레, 모음곡 5, 6번은 가보트**, 제6악장은 〈지그〉이다.

무반주 첼로 모음곡은 1900년대 이전에는 그다지 알려지지 않았으며, 이 작품이 대개는 에튀드 목적으로 쓰인 것으로 여겼다. 그런데 첼리스트 파블로 카잘스는 13살 때 스페인 바르셀로나 책방에서 그뤼츠마허 판본의 첼로 모음곡 악보를 발견했다. 그리고 그의 나이 48살 때 이 곡을 공개적으로 연주하였다. 그리고 연주곡을 녹음하였는데, 이 음반이 널리 알려져 유명해졌으며 지금도 여전히 사랑받고 있다.

10 판소리

김홍도의 <무동>(18세기 후반)

판소리는 한 명의 소리꾼이 고수의 장단에 맞춰 부르는 우리식 솔로 오페라라고 할 수 있다. 판소리는 '판'과 '소리'의 합성어로 판은 여러 사람이 모인 곳을 뜻하는 말이며, 소리는 음악을 말한다.

판소리는 창唱의 문학의 한 형태로서 한국에서 18세기부터 오늘날까지 전승되어 오는 음악 예능의 한 형태로 판놀음에서 독립해 나온 음악용어이다. 판놀음이란 산대도감극을 일컫기도 하고 근두, 줄타기 등을 하는 놀이 전체를 말하기도 한다.

순조 때 판놀음에 음곡音曲과 함께 시조와 판소리도 들어갔다. 또 한편으로는 이 판소리의 문학적 조사내지 문자로 정착된 형태를 판소리 사설이라고 한다. 그런 까닭에 음악적 용어로서의 판소리와 문학적 용어로서의 판소리 사설을 구별해야 하겠지만, 시조처럼 이를 통용하여 판소리라 해도 좋을 것이다.

판소리가 하나의 민속음악으로 내용과 형식을 갖추고 완성 단계에 이른 시기는 조선 왕조 숙종 때부터 영조 때까지의 시기이다. 판소리 전성기는 정조 때부터 철종 때까지로 본다. 이시기에 유명한 판소리 작가이며 이론가인 신재효와 8명창이 배출되었다.

판소리에는 열두 소리가 있는데 이를 열두 마당이라고 한다. 1810년 간행된 송만재의 〈관우희〉 본사가 대목을 보면 판소리 열두 마당을 〈춘향가〉 〈화용도 타령〉 〈박타령〉 〈강릉매화타령〉 〈변강쇠타령〉 〈왈자타령〉 〈심청가〉 〈배비장타령〉 〈옹고집타령〉 〈가짜신선타령〉 〈토끼타령〉 〈장끼타령〉 등이라 기록되어 있다.

판소리의 유파에는 동편제와 서편제가 있다. 동편제는 섬진강 동쪽인 운봉, 순창, 홍덕 지역을 기반으로 하는 웅장하고 기교를 부리지 않는다. 서편제는 섬진강 서쪽인 광주, 나주, 해남, 보성 등지에서 전승되는 소리를 지칭하며 정교하고 감칠맛 나는 소리와 슬프고 애절하게 잘 표현하는 게 특징이다

11 달빛

클로드 드뷔시(1862~1918)
프랑스 인상주의 음악 작곡가

〈달빛〉〈아라베스크〉로 유명한 프랑스 작곡가 클로드 드뷔시는 인상주의 음악의 창시자이다. 그는 7살 때 피아노를 배웠으며 뛰어난 재능으로 관심을 끌었다. 그는 1872년 11살의 나이로 파리 음악원에 입학하였다. 그 당시 러시아 음악과 무소르그스키의 음악은 그에게 큰 영향을 주었다.

드뷔시는 1883년 칸타타 〈전투사〉로 로마대상 2등상을 수상하였고, 이듬해 칸타타 〈탕자〉로 1등상을 수상하였다. 이후 상징주의 시인을 비롯해 인상주의 화가들과 교류하며 인상주의에 대해 몰입하였다. 〈목신의 오후에의 전주곡〉은 그의 인상주의로서의 음악이다.

드뷔시의 대표곡 〈달빛〉은 피아노곡집 '베르거마스크' 모음곡 가운데 제3곡으로 물결 위에 은은히 달빛이 비추이는 고혹적인 밤을 연상케 한다. 서정성이 탁월하다 보니 드라마와 영화에 자주 등장한다. 특히 영화 〈트와일라잇〉에서 주인공인 로버트 패틴슨과 크리스틴 스튜어트의 사랑은 감미로운 '달빛' 선율로 관객들의 가슴을 설레게 하기에 부족함이 없다. '음악은 선율로 쓴 시'라고도 할 수 있는데 〈달빛〉은 서정성 가득한, 깔끔하고 담백한 한편의 고혹적인 서정시라고 할 만큼 매혹적인 곡이다.

모든 예술이 대개 돈이 되어주지는 않지만, 예술이 주는 가치로 인해 정신과 마음을 한껏 끌어올릴 수 있어 예술은 영혼을 울리는 소리임에는 틀림이 없다는 생각이 드는 것은, 〈달빛〉처럼 탁월한 서정적인 음악은 돈으로는 환산할 수 없는 가치를 지닌 까닭이라고 할 수 있다.

12 차이콥스키 피아노 협주곡 1번

표토르 차이콥스키
(1840~1893)
러시아 작곡가

러시아의 작곡가 차이콥스키는 1874년부터 1875년에 걸쳐 곡을 썼는데 그 곡이 피아노 협주곡 1번 내림 나단조이다. 이 곡은 모스크바 음악원 감독이었던 니콜라이 루빈스타인을 위해 쓰여졌다. 하지만 루빈스타인은 이 곡에 대해 진부하고, 촌스럽고, 부적당해 연주를 할 수 없을 만큼 좋지 않다고 혹평했다.

그러자 차이콥스키는 자신의 음악을 존중해주는 독일의 피아노 연주자이자 지휘자인 한스 폰 뷜러에게 헌정했다. 뷜로는 1875년 10월 보스톤에서 이곡을 연주하였다. 뷜러는 이곡에 대해 아주 만족해했다. 그로부터 일주일 뒤 이 곡은 러시아 상트페테르부르크에서 피아노 연주가 구스타프 크로스와 지휘자인 에듀아르드 나프라프니크에 의해 초연되었다.

피아노 협주곡 1번은 3개의 악장으로 되었는데 제1악장은 내림 나단조와 내림 나장조로, 제2악장은 내림 라장조로, 제3악장은 내림 나단조와 내림 나장조이다. 이 협주곡은 당시 러시아의 다른 보수적이고 특유한 유명 협주곡과는 상당히 다른 교향곡적인 특성을 갖고 있다. 그것은 베토벤의 피아노 소나타와 같이 연주가의 손가락이 건반에서 떠나지 않아도 될 악절이 있는가 하면, 연주가의 손가락이 여러 옥타브에 걸친 연주를 계속해야 하는 악절도 있다.

이를 좀 더 부연한다면, 첫 번째 악장 도입부의 유명한 주제부는 우크라이나 키예프 근처 카멘카에 있는 시장에서 그가 들었던 길가의 시각장애인 음악가들의 연주에서 기반한 것이다. 그러나 차이콥스키는 이 주제부는 이 곡에서 단 두 번만 들리도록 작곡했다. 이 주제부는 곡 전체를 보았을 땐 독립적인 느낌이 든다. 그 이유는 이 부분에서 곡의 전반적인 조인 내림 나단조를 쓰지 않고 내림 라장조를 썼기 때문이다. 이렇듯 차이콥스키의 피아노 협주곡 1번은 여타의 교향곡과는 다른 특징을 가진 곡으로써 널리 연주되고 있다.

13 뮤지컬

뮤지컬 <나는 당신을 노래합니다> 포스터(1932)

뮤지컬은 19세기 영국에서 탄생한 노래와 연기, 춤 등이 어우러지는 공연양식을 말한다. 뮤지컬의 근원은 유럽의 대중공연과 오페라에 있다. 1892년 G. 에드워드가 제작한 〈거리에서〉를 첫 뮤지컬로 본다. 춤과 노래, 연기가 어우러진 뮤지컬은 큰 성공을 거뒀다. 그후 미국으로 건너가 뿌리를 내리면서 본격적인 뮤지컬 양식이 형성되었다.

1800년대 미국에는 노래와 춤, 코러스 걸의 군무가 널리 정착되어 있었는데, 유럽 출신 이민자들 가운데 예능인들이 미국의 양식과 결합하여 만든 것이 바로 뮤지컬이다. 그런데 이처럼 뮤지컬이 대중의 사랑을 받으며 발전한 데에는 그만한 이유가 있다. 제1차 세계대전 후 대공황을 겪으면서 대중들은 밝고 낙천적이고 경쾌한 오락적인 문화를 갈망했는데, 뮤지컬은 그들의 문화적 욕구를 충족하는 데 매우 만족스러운 결과를 낳았던 것이다.

1931년 〈나는 당신을 노랠합니다〉는 퓰리처상을 수상하며 정식 연극의 장르로 인정받았으며, 1943년 공연된 〈오클라호마〉는 2,000회가 넘는 장기공연으로 성공함으로써 자리매김하였다. 제2차 세계대전 후 만들어진 〈아가씨와 건달들〉〈왕과 나〉 등 뮤지컬은 브로드웨이 뮤지컬을 세계적인 뮤지컬로 끌어 올렸으며, 영국 뮤지컬 또한 미국 브로드웨이에서 성공함으로써 뮤지컬은 급성장하였다. 1950년대부터 1960년대 전반까지를 '제2의 뮤지컬 발전기'로 본다.

이때의 뮤지컬 〈사운드 오브 뮤직〉이 대표작으로 손꼽힌다. '제3기'

는 '뮤지컬 전환기'로서 1960년대에서 1970년대까지다. 대표작은 〈헤어〉〈코러스 라인〉〈지붕 위의 바이올린〉 등이다. 제4기에 속하는 오늘날의 뮤지컬은 첨단 매커니즘을 사용한 무대예술로 그 격이 한결 높아졌다. 세계적으로 대표적인 4대 뮤지컬은 〈캣츠〉〈레미제라블〉〈미스 사이공〉〈오페라 유령〉이다.

아카펠라

아카펠라로 연주하는 모습

아카펠라는 악기 없이 목소리만으로 화음을 맞추어 부르는 노래이자 그렇게 부르는 방법을 말한다. 이탈리아어로 '카펠라'는 원래 작은 성당이나 성당 안에 있는 기도실을 뜻한다. 하지만 카펠라는 교회전례를 위한 합창단이나 성가대를 뜻하는 말이기도 하다. 이후에는 교회전례의 합창이나 독창을 반주하는 오케스트라를 가리키는 단어로도 쓰였다.

아카펠라를 시대별로 16세기 아카펠라, 19세기 아카펠라, 20세기 아카펠라, 21세기 아카펠라로 나눌 수 있다.

첫째, 16세기 유럽의 교회와 성당에서는 악기반주 없는 합창곡을 아카펠라라고 불렀다. 작곡가 조반니 팔레스트리나는 100곡이 넘는 곡을 작곡하였는데, 모두가 무반주 교회음악을 대표하는 작품이었다.

둘째, 19세기부터는 악기반주 없는 노래를 교회음악이 아니더라도 아카펠라라고 불렀다. 이유는 19세기에 옛 합창 음악들이 발굴되고 인기를 끌었기 때문이었다. 전문적 악가들뿐만 아니라 일반인들로 구성된 합창단이 여기저기서 생겨나기 시작했다. 그로인해 아카펠라 영역이 크게 확장되었던 것이다.

셋째, 20세기 이후에는 대중음악 분야에서 다양한 발전을 보였다. 1909년 미국에서 예일 위펜푸프스 같은 보컬 그룹이 생기면서 '바버샵' 스타일이 생겨났으며, 1927년에는 독일에서 '코미디언 하모니스트'그룹이 만들어졌다. 그리고 1950년대에는 '두왑'을 도입해 대중적으로 인기를 끌었다.

넷째, 오늘날 대중음악의 아카펠라는 더 이상 합창의 개념이 아니다. 4명에서 6명으로 구성된 무반주 중창단들을 아카펠라라고 부른다. 중창단은 남성들로만 이루어진 아카펠라, 여성들로만 이루어진 아카펠라, 남녀로 이루어진 혼성 아카펠라 등 다양하다. 이렇듯 아카펠라는 16세기, 19세기, 20세기를 거쳐 현재에 이르기까지 많은 변화를 거치면서 발전을 거듭했다.

루트비히 판
베토벤(1770~1827)
독일 출생. 고전파 음악의 완성
자이자 낭만파 음악의 창시자.
음악의 악성.

베토벤은 할아버지와 아버지가 음악가로 활동하는 가정에서 태어났다. 어린 베토벤은 타고난 천재성에다 지독한 연습으로 7살 때 피아노 연주회를 열었는데 수많은 관객들의 열렬한 박수갈채를 받았다.

그는 크리스찬 고트로프 네페로 등 여러 스승들에게서 음악을 배웠다. 그는 1782년 궁정예배당 오르간 연주자가 되었다. 그리고 2년 후 정식단원이 되었으나 어머니의 사망으로 집으로 돌아왔다. 가난한 집안 생계를 책임져야 했기 때문이다. 힘든 생활을 하던 베토벤은 그의 재능을 아끼고 존중하는, 바르트슈타인 백작을 비롯한 친구들의 후원으로 빈에 유학하여 그곳에서 정착하였다.

베토벤은 1795년 피아노 연주자로 데뷔하였다. 이 시기에 최고의 작품으로 평가받는 〈피아노 3중주곡〉을 발표하며 자신의 위치를 굳건히 하였다. 그러나 불행하게도 귓병을 앓게 되자, 연주를 그만두고 그는 오직 작곡에만 전념한 끝에 〈제2 교향곡〉인 〈오라토리오〉, 〈제3 교향곡〉인 〈영웅〉을 작곡하여 자신만의 독창성을 확고히 굳혔다.

그는 후원하는 귀족들과 출판에 따른 인세로 안정된 생활을 꾸리며 작곡에 전념하였다. 베토벤은 안정된 가운데 교향곡과 서곡, 협주곡, 피아노 소나타, 바이올린 소나타, 실내악 등을 작곡하며 전성기를 보냈다.

이 시기에 만들어진 주요작품을 보면 〈제5 교향곡〉인 〈운명〉, 〈제6 교향곡〉인 〈전원〉 등을 많은 곡을 작곡했다. 특히 〈장엄미사곡〉과 〈제9 교향곡〉은 귀가 완전히 먼 가운데 작곡하였다. 그의 작품은 매우 다이

내밀하고, 힘을 특징으로 하는 데 있다. 그리고 곡마다 독자적인 스타일
을 보이며 하나의 세계를 이루고 있다는 평가를 받고 있다.

16 참된 예술가의 정신

엔리코 카루소(1873~1921)
이탈리아 전설적인 테너가수.

이탈리아의 전설적인 테너 가수 엔리코 카루소. 그는 지독한 가난에도 굴하지 않고 삶에 최선을 다한 끝에 훌륭한 가수가 되었다. 대부분의 예술가들은 개성이 강하고 자존심이 세다. 더구나 유명한 경우라면 자신의 유명세만큼이나 콧대가 하늘을 찌르기도 한다.

카루소는 달랐다. 그는 팬이 원하면 장소를 가리지 않고 노래를 불렀다. 그의 진정성을 알지 못하는 사람들은 카루소를 자존심이 없는 가수라며 비웃고 조롱했다. 그가 다른 예술가들과 다른 점이라면 자신의 팬을 지극히 사랑한 겸손함을 들 수 있다. 그의 예술가적 정신이 드러난 일화가 있다.

카루소가 친구와 함께 뉴욕에서 가장 멋진 식당에 갔을 때였다. 한눈에 카루소를 알아 본 종업원은 주방장에게 그의 방문을 알렸다. 주방장은 카루소 앞으로 달려와 공손하게 인사하며 선생님의 노래를 듣고 싶다고 말했다. 그러자 카루소는 그의 청을 흔쾌히 들어주었다.

카루소는 자리에서 벌떡 일어나 무반주로 그 어느 때보다도 힘차게 노래를 불렀다. 주방장과 식당 종업원들은 물론 손님들 역시 세계적인 성악가의 노래를 가까이서 듣게 된 사실에 감격해 넋을 잃고 그의 노래에 귀 기울였다. 노래가 끝나자 식당 안은 박수와 환호성으로 가득했다.

함께 온 카루소의 친구가 조금은 못마땅한 표정으로 자네답지 않게 이런 곳에서 노래를 하느냐고 말했다. 그러자 카루소가 웃으며 "나는 내 노래를 이해하고, 듣고 싶어 하는 사람이 있다면 그곳이 어디든, 몇 명이 있든 상관이 없다네. 단 한 사람 앞에서라도 노래할 생각이라네." 말했다. 참된 예술가의 정신에 친구는 크게 감동하여 카루소를 존경하였다,

17 프레드릭 프랑수와 쇼팽

프레드릭 프랑수와 쇼팽
(1810~1849)
폴란드 작곡가, 피아니스트.

'피아노의 시인'으로 불리는 프레드릭 프랑수와 쇼팽은 어렸을 때부터 모차르트에 견줄 만큼 실력이 뛰어나 주변 사람들을 놀라게 했다. 그는 6살 때 피아노를 배우고, 7살 때 사단조, 내림나장조의 두 〈폴로네이즈〉를 작곡했으며, 8살 때 연주회를 열었다. 1821년 내림가장조 〈폴로네이즈〉를 작곡해 지브니에게 헌정하였는데, 이 곡은 현존하는 가장 오래된 쇼팽의 원고이다.

쇼팽은 바르샤바 중학교를 거쳐 바르샤바 음악원에 입학하였다. 그는 재학 중 피아노와 가극을 위한 작품 〈라치다램 변주곡〉을 작곡하며 유명해졌다. 이후 1829년에 발표한 〈피아노 협주곡 2번〉으로 유럽 일대에 이름을 알렸고 연주여행을 통해 자신의 진가를 유감 없이 발휘했다.

그러던 중 바르샤바에 혁명이 일어나자 음악을 하는 것도 조국을 위한 일이라는 아버지의 권유로 프랑스로 떠났다. 프랑스로 간 쇼팽은 파리에서 연주회를 열었고 성공리에 마치며 유명해졌다. 프랑스에서 쇼팽은 초반에는 작곡가로 일하며 많은 곡을 썼다. 그의 대표적인 곡들은 대개 이 시기에 작곡되었다. 그는 멘델스존, 프란츠 리스트, 로베르트 슈만 등의 음악가와 빅토르 위고, 발자크, 뒤마, 하이네 등과 친분을 쌓으며 음악의 보폭을 넓혀 나갔다.

17살의 폴란드 소녀인 마리아 보진스키와 비밀약혼을 했다. 그러나 그녀의 부모가 반대하는 바람에 물거품이 되어 상심의 나날을 보내다 소설가 조르주 상드를 만나 9년 동안 연인관계로 행복한 시간을 보내며 음악활동에 전념하였다. 하지만 건강악화와 조르주 상드와 헤어졌다.

쇼팽은 건강을 회복하지 못하고 39살의 나이로 생을 마감하였다.

18 요제프 하이든

요제프 하이든(1732~1809)
오스트리아 고전주의 음악
작곡가

하이든은 1732년 오스트리아 로라우에서 태어났다. 하이든은 음악에 남다른 재능을 보였다. 1738년 지인인 프랑크의 집에 맡겨져 교육을 받고, 빈의 성 스테파노 대성당의 소년 합창단원이 되었으며, 독학으로 작곡공부를 하다 이탈리아 오페라 작곡가인 포르포라에게 작곡을 배웠다.

그리고 가정교사로 실내 음악가로 일하였으며 스테파노 대성당에서 바이올린 연주자와 가수로서 예배주악에 참가하고, 밤에는 세레나데 악단의 일원으로 빈 거리에서 돈을 벌었다. 1759년 하이든은 갖은 고생 끝에 보헤미아의 칼 폰 모르친 백작의 궁정악장으로 취임하여 교향악과 관악합주곡인 〈디베르티멘토〉를 작곡하였다.

그러던 어느 날 백작의 재정문제로 악단이 해체되자 하이든은 빈으로 돌아와 1761년 헝가리의 귀족 파울 안톤 에스테르하자 후작의 관현악단 부악장으로 취임하였다. 후작이 죽은 후 그의 동생이 형의 뜻을 받들어 관현악단을 후원하였다. 그후 하이든은 악장이 되어 30년 동안 근무하였다. 하이든은 악장으로 일하면서 많은 교향곡과 협주곡, 실내악을 작곡했다.

1781년에는 소나타 형식의 전형인 〈러시안 4중주곡〉 썼으며, 1780대년에는 파리의 요케스트라를 위한 〈파리교향곡〉, 2곡의 〈토스토 교향곡〉, 3곡의 〈도니교향곡〉을, 〈잘로몬교향곡〉제1기 6곡, 〈잘로몬교향곡〉제2기 6곡 등 많은 곡을 작곡하였다. 그의 대표작으로는 〈천지창조〉〈사계〉〈도니교향곡〉〈잘로몬교향곡〉 등이 있으며, 영국 옥스퍼드대학교에서

명예음악박사학위를 받았다. 그는 18세기 고전주의 음악의 중심 인물
로 교향곡과 현악 4중주곡 등 기악 형식의 완성에 크게 공헌하였다.

펠릭스 멘델스존

펠릭스 멘델스존(1809~1847)
독일 작곡자이자 피아니스트

야코프 루트비히 펠릭스 멘델스존 바르톨디는 독일의 초기 낭만파 작곡가이자 피아니스트이며 지휘자이다. 보통 그를 펠릭스 멘델스존이라고 부른다. 멘델스존은 음악에 재능을 보여 바흐의 음악을 좋아하는 칼 젤터에게 음악을 사사했는데, 푸가를 집중적으로 배웠다.

독일의 시성 괴테는 칼 제터의 친구로 어린 멘델스존을 집으로 초대해 연주를 듣곤 했으며, 이는 그가 멘델스존 음악을 좋아하는 데 결정적인 계기가 되었다. 이후 멘델스존은 20대 초반에 바흐의 〈마태 수난곡〉의 연주회에서 지휘를 맡아 큰 호평을 받았다.

멘델스존은 공연을 위해 스코틀랜드에 가게 되었는데 그곳에서 영감을 받고 〈스코틀랜드 교향곡〉을 비롯해 여러 곡을 작곡하였다. 멘델스존은 27살 때 라이프치히 게반트하우스 관현악단의 지휘가가 되었으며, 1825년 현악 8중주 가운데 〈요정의 춤〉과 희곡 〈한여름 밤의 꿈〉의 배경음악을 작곡하였다. 이 곡들에는 환상적인 표현이 잘 나타나 있는데 그의 음악적 특징을 잘 보여준다고 하겠다. 또한 멘델스존은 결혼식 때 연주되는 〈결혼행진곡〉을 쓴 것으로 유명하다.

멘델스존의 대표곡으로는 〈한여름 밤의 꿈〉 〈결혼행진곡〉 〈요정의 춤〉 〈스코틀랜드 교향곡〉 〈바이올린 협주곡〉 〈이탈리아 교향곡〉 등이 있다. 멘델스존의 음악적 특징은 당시 음악가들처럼 낭만주의적인 음악을 추구하지 않고, 고전주의 음악의 형식을 따랐다는 데 있다. 멘델스존은 음악사에 자신의 족적을 뚜렷이 남긴 작곡가로 평가받고 있다.

20 안토니오 비발디

안토니오 비발디(1678~1741)
이탈리아 작곡가

안토니오 루치오 비발디는 이탈리아 태어나 15살에 신학교에 들어가 23살 때 신부서품을 받았다. 그러나 몸이 약해 음악에 전념했다. 그는 1703년부터 1740년까지 베네치아 여자고아원이자 음악학교인 피에타 고아원에서 바이올린 교사로 근무하였으며, 1716년에 고아원 밴드 부합주장이 되었다. 이곳 학생들의 오케스트라는 당시 유럽에서도 명성을 떨친 실력자들이었다. 그래서 외국인 방문객들이 베네치아에 오면 비발디의 연주회에 참석하는 것을 하나의 코스처럼 여겼다.

비발디는 자신이 작곡한 오페라를 공연하기 위해 이탈리아 각지를 순회하기도 하고 빈과 암스테르담으로 가기도 하였다. 비발디는 공연을 위해 수백 곡이 넘는 협주곡을 작곡하였다. 그의 작품은 오페라를 비롯해 교회음악과 기악곡이 많은데, 그중 바이올린을 주로 한 협주곡이 유명하다. 비발디의 곡은 리듬이 활발하고 노래하듯 아름다운 선율이 특징이다.

비발디는 500여 곡이 되는 기악곡 작품과 40곡의 오페라 외에도 독주 바이올린 협주곡, 바순 협주곡, 첼로를 위한 협주곡, 오보에 협주곡, 모테토, 오라토리오. 칸타타 등을 작곡하였다. 작곡된 것들은 베네치아와 암스테르담에서 출판되었으나 수고手稿 형태 외에는 남아 있는 것은 없다. 비발디는 토렐리, 알비노니에 개발된 독주 콘체로토의 세계에서 안정된 양식을 확립시킨 작곡가로 알려졌다. 그의 주요 작품으로는 신포니아 23곡, 합주 협주곡 〈화성의 영감〉, 바이올린과 관현악을 위한 〈사계〉 등이 있다. 특히 〈사계〉는 표제음악의 표본으로 불린다.

21 요하네스 브람스

요하네스 브람스(1833~1897)
독일 작곡가

독일의 작곡가이자 피아니스이며 지휘자인 요하네스 브람스는 1833년 함부르크에서 태어났다. 브람스는 7살 때 오토 프리드리히 빌리발트 코셀에게 피아노를 배웠다. 그후 브람스는 함부르크에서 몇 번의 연주를 했지만 19세 때 헝가리 바이올리니스트 에두아르트 레메니의 반주를 맡아 연주여행을 하기 전까지는 알려지지는 않았다. 이 여행 중에 하노버에서 요세프 요아힘과 리스트를 만났다.

요아힘은 로베르트 슈만에게 브람스에 대한 소개장을 보냈다. 브람스는 라인란트의 연주여행을 마치고 뒤셀도르프로 가서 슈만을 만났다. 슈만은 20살인 브람스의 재능에 놀라 음악신문에 '이 시대의 이상적인 표현을 가져다 줄 청년음악가'로 소개하여 관심을 집중시켰다. 브람스는 슈만과 알베르트 디트리히와 함께 요아힘을 위한 소나타를 작곡했는데, 이것이 〈F-A-E 소나타〉이다. 이후 브람스는 함부르크의 궁정 음악교사이자 지휘자로 봉직하던 데트몰트 공국 두 곳에서 일을 하였다.

1863년 브람스는 빈 음악원의 지휘자로 임명되었다. 그후 1872년부터 1875년까지 빈 익우협회의 연주회 감독을 지냈으며 그뒤로는 공식 직위를 맡지 않았다. 브람스는 1877년 영국 케임브리지대학교의 명예박사학위를 거절하고, 1879년 독일 브레슬라우대학교의 명예박사학위는 받았다.

이때 그는 학위에 대한 감사표시로 〈대학축전 서곡〉을 작곡하였다. 브람스는 세레나데, 교향곡 4곡, 피아노 협주곡 2곡, 바이올린 협주곡 1

곡, 바이올린과 첼로 이중 협주곡 1곡, 관현악 서곡 등 수많은 관현악 작품을 남겼다. 또 그는 200곡이 넘는 가곡을 썼다. 브람스는 바흐와 베토벤과 더불어 3B로 칭할 만큼 독보적인 작곡가이다.

로베르트 슈만

로베르트 슈만(1810~1856)
독일 작곡가이자 음악평론가

로베르트 알렉산더 슈만은 독일 작곡가이자 피아니스트이며 음악 평론가이다. 그는 6살 때 음악을 배우기 시작했으며, 1822년 그의 나이 12살 때 시편 150편을 음악으로 작곡하였다. 1828년 슈만은 라이프치히대학교에서 법률을 공부하였는데, 그는 피아노 즉흥연주곡과 노래를 작곡하는 데 시간을 보냈다. 특히 슈만은 프란츠 슈베르트의 영향을 받았다. 그해 슈만은 여러 곡의 가곡을 작곡했는데 악보로 출판되었다.

1829년 슈만은 하이델베르크로 갔다. 그는 법학교수인 안톤 프리드리히 유스투스 티보의 영향으로 합창에 대해 상당한 지식을 쌓았다. 그는 슈베르트의 방식을 따라서 왈츠를 작곡하였다. 1830년 슈만은 라이프치히로 가서 프리드리히 바크 교수에게 피아노를 배우며, 그의 작품 1번인 변주곡 모음을 작곡하고 1831년 출판하였다. 그는 1835년 〈사육제〉와 〈교향적 연습곡〉를 썼다.

그후 1840년 11개월 동안 〈미르텐〉, 하인리히 하이네와 요제프 아이헨도르프의 시에 곡을 붙인 2개의 〈가곡집〉 〈여인의 사랑과 생애〉 등 수많은 가곡을 작곡하였다. 그는 1841년 〈교향곡 1번 b장조〉를 작곡했는데 멘델스존의 지휘로 라이프치히에서 연주되었다.

그리고 〈서곡과 스케르초, 종곡〉과 피아노와 관현악을 위한 〈환상곡〉을 작곡하였다. 이 〈환상곡〉은 1845년 두 악장을 추가하여 〈피아노 협주곡 A단조〉로 만들었다. 1842년부터 1843년 1월에 걸쳐 여러 편의 실내악을 작곡하고 그 후 많은 곡을 작곡하였다. 슈만의 주요 작품으로는 〈사육제〉 〈어린이 정경〉 〈시인의 사랑〉 〈여인의 사랑과 생애〉를 비롯해 합창곡인 〈유랑의 무리〉가 있다. 그는 가장 대표적인 낭만주의 작곡가라는 평가를 받는 뛰어난 작곡가이다.

리하르트 바그너

리하르트 바그너(1883~1883)
독일 작곡가이자 음악비평가

빌헬름 리하르트 바그너는 독일의 작곡가이자 극작가이며 음악 비평가이다. 바그너는 9살 때 피아노를 배우기 시작했다. 그는 극작가가 되기 위해 1931년 라이프치히대학교에 입학했지만 음악에 대한 열정으로 가득했으며 베토벤은 그에게 우상이었으며 음악적으로 큰 영향을 주었다.

1982년 바그너는 첫 교향곡인 〈교향곡 C장조〉를 작곡했으며, 이듬해 첫 오페라인 〈요정〉을 작곡했다. 그리고 두 번째 오페라 〈연애금지〉를 썼다.

1840년 바그너는 세 번째 오페라인 〈리엔치〉를 썼는데, 작센의 드레스덴 왕립극장이 공연하기를 청해 공연 후 큰 성공을 거뒀다. 그후 바그너는 드레스덴 왕립극장 지휘자로 임명되었다. 그리고 오페라 〈방황하는 네덜란드인〉과 〈탄호이저〉를 써서 상연하였다.

바그너는 독일 정부의 미움을 사 망명생활을 하던 중 자신에 대한 독일 정부의 추방이 해제되자 프로이센으로 가 〈뉘른베르크의 마이스터징거〉작업을 시작하였다. 1864년 바이에른 왕국의 루트비히 2세가 즉위하자 바그너는 그의 초청으로 뮌헨으로 갔다. 국왕의 후원으로 〈트리스탄과 이졸데〉를 뮌헨 왕립극장에서 초연하였는데 큰 성공을 거뒀다. 이후 〈뉘른베르크의 마이스터징거〉가 1868년 뮌헨에서 초연되었다. 그후 바그너는 〈라인의 황금〉〈발퀴레〉〈반지〉〈파르지팔〉 등 수많은 곡을 썼다.

바그너의 주요작품으로는 〈트리스탄과 이졸데〉〈탄호이저〉〈리엔치〉〈나벨룽의 반지〉 등이 있으며, 그의 새로운 교향적인 오페라와 화성

과 연속속적인 대위법, 반음계적 음악언어 등은 고전 음악에 큰 영향을
끼쳤으며 그는 독보적인 음악가로 평가 받는다.

24 안토닌 드보르작

안토닌 드보르작(1841~1904)
체코 작곡가

안토닌 레오폴트 드보르작은 체코의 작곡가로 낭만주의 음악의 대표적인 음악가 가운데 하나다. 드보르작은 1857년 16살에 프라하의 오르간 학교에 입학하여 음악을 공부하였다. 드보르작은 졸업 후 갈레루 코므자크 악단 단원으로 비올라를 연주하며 지내다, 1862년 체코 국민을 위한 극장이 건설될 때까지 임시극장이 개관되었는데 극장 전속 오케스트라 단원으로 10년 동안 근속하였다.

1866년부터 스메타나가 오페라 감독으로 취임하였는데 드보르작은 그로부터 민족주의 음악사상을 배웠다. 그는 틈틈이 작곡을 하여 1865년 〈교향곡 1번 다단조 '즐로니체의 종'〉, 〈교향곡 2번 내림 나장조〉를 썼다.

브람스, 피아니스트이자 지휘자인 한스 폰 뷜로, 평론가 한소리크 등은 드보르작이 독일과 오스트리아 등에서 유명세를 타는 데 큰 힘이 되었다. 그는 영국을 9번이나 방문해 영국을 위해 〈유령의 신부〉와 〈교향곡 7번 D단조〉를 쓰고 케임브리지대학교에서 명예음악박사학위를 받았다.

드보르작은 1890년부터 프라하 음악원에서 작곡을 가르쳤으며, 1891년 미국 뉴욕의 국민음악원 원장으로 초빙되었다. 그는 미국에 머무르는 동안 〈교향곡 제9번 신세계로부터〉〈현악 4중주 아메리카〉 등 그의 대표작을 작곡하였다. 1894년 8개의 〈유모레스크〉를 작곡했는데, 그 가운데 7번째 곡이 바이올린으로 편곡되어 큰 인기를 끌었다.

드보르작의 주요 작품으로는 〈교향곡 제9번 신세계로부터〉〈현악 4

중주 아메리카〉〈유모레스크〉 등이 있다. 그는 관현악과 실내악에서 체
코의 보헤미안적인 작품성과 선율을 표현하는 등 체코 민족주의 음악
을 세계적으로 만든 음악가라는 평가를 받는다.

25 프란츠 슈베르트

프란츠 슈베르트(1797~1828)
오스트리아 작곡가. 가곡의 왕.

프란츠 슈베르트는 오스트리아 빈 리히텐탈에서 태어났다. 1808년 슈베르트는 궁정신학원에 장학생으로 입학하여 모차르트의 서곡과 교향곡을 접하게 되었는데 그로인해 모차르트를 좋아하였다. 오스트리아는 군복무 대신 교사로 일정기간 근무하면 대체복무로 인정해주는 제도가 있어, 슈베르트는 아버지가 근무하는 학교에서 보조교사로 근무했다. 이때부터 슈베르트는 작곡활동을 본격적으로 시작하였다. 그리고 그해 로마가톨릭에서 장례미사에 사용하는 음악인 〈바장조 미사곡〉을 작곡하였다.

1815년 18살 때 수백 곡의 가곡을 썼는데, 괴테의 시에 곡을 붙여 〈마왕〉〈휴식 없는 사랑〉〈들장미〉 등의 명작도 이때 썼다. 그리고 일부 곡을 책으로 펴냈다. 1816년 친구인 프란츠 폰 쇼버의 권유로 친구 집에 머물며 작곡에 몰두하였으며, 1818년 가곡 〈죽음과 소녀〉〈숭어〉를 작곡했다. 1823년 〈방랑자의 환상곡〉〈아름다운 물레방앗간 처녀〉를 작곡하였다. 그후 〈현악 4중주〉를 작곡하였으며, 오스트리아 여행 중에 〈아베 마리아〉를 작곡하였다. 1827년 〈겨울여행〉을 작곡하고, 1828년 연주회를 열어 대성공을 거뒀다. 그리고 교향곡 9번인 〈대교향곡〉을 완성하였으며 가곡의 왕으로 불린다.

슈베르트는 베토벤을 마음 깊이 존경하였는데, 한 번도 직접 만난 적이 없었다. 그는 용기를 내 베토벤을 만났는데, 베토벤은 그가 보여준 악보를 보고 크게 감탄하였다. 베토벤의 칭찬을 듣고 슈베르트는 감격해 했다. 베토벤은 죽은 뒤 그 또한 31살의 나이로 세상을 떠났다.

26 다니엘 바렌보임

다니엘 바렌보임 (1942~　)
아르헨티나 지휘자이자 피아니스트

지휘자이자 피아니스트인 바렌보임은 1942년 아르헨티나에서 태어났다. 그는 7살 때 베토벤 프로그램으로 독주회를 열어 천재적 가능성을 보여주었다. 바렌보임 가족은 이스라엘로 이주하였고, 10살 때 이스라엘 재단장학금으로 잘츠부르크 모차르테움 음악원에 입학해 피아니스트의 꿈을 키워나갔다.

그는 이곳에서 피아니스트 에드윈 피셔에게 피아노를 배움과 동시에 당대 지휘자로 정평이 난 이고르 마르케비치에게서 지휘법을 배웠다. 이후 그는 마에스트로 푸르트벵글러에게 인정받아 솔리스트로서 기용되어 음악인들을 놀라게 했다.

1954년 그는 파리로 유학하여 교수법의 일인자인 나디아 불랑제에게 사사하고, 그 이듬해 로마 성 체칠리아 음악원에서 카를로 체키에게 피아노와 지휘법을 사사했다. 1957년에는 레오폴드 스토코프스키가 지휘하는 '심포니 오브 디 에어'와의 협연을 통해, 정식으로 미국 음악무대에 데뷔하며 많은 사람들의 각광을 받았다.

이후 그는 이스라엘 필하모닉과 런던 교향악단, 베를린 필하모닉, 뉴욕 필하모닉, 로스엔젤리스 필하모닉, 시카고 교향악단, 런던 필하모닉 등 세계 유수의 악단을 객원 지휘하였다. 1975년 바렌보임은 파리 관현악단 4대 음악감독으로 취임해, 자신만의 오케스트라를 이끌며 자신의 능력을 유감없이 보여주었다.

바렌보임이 지휘자와 피아니스트로 성공할 수 있었던 것은 그의 천재적 재능에도 있지만, 자신과의 싸움에서 이겼기 때문이다. 그 또한 유대인의 피가 흐르는 사람이었다. 그는 유대인 특유의 강한 근성으로 자신을 이겨내고, 마침내 세계적인 마에스트로가 되었던 것이다.

체칠리아 바르톨리

체칠리아 바르톨리(1966~)
이탈리아 출생. 성악가. 폴라음
음악상 수상.

21세기 세계 오페라계의 대표적 여성 선두주자인 체칠리아 바르톨리는 이탈리아 로마에서 태어났다. 그녀의 부모는 로마 오페라 단원이었다. 그런 연유로 바르톨리는 어린 시절부터 자연스럽게 음악을 접하게 되었다.

어느 날 그의 어머니는 어린 바르톨리가 부르는 노래를 듣고 노래에 소질을 보이자 그녀에게 노래를 가르쳤다. 어린 바르톨리는 가르쳐주는 대로 열심히 노래를 불렀고, 노래는 곧 그녀에게 꿈이 되었다. 바르톨리는 자신의 꿈을 이루기 위해 희망이란 엔진을 장착하고 차근차근 실행해 나갔다.

그녀 나이 19살 때인 1985년, 그녀는 바리톤 레오 누치와 함께 텔레비전 쇼에서 노래를 부르게 되었다. 그녀는 혼신을 다해 노래를 불렀고, 혼이 담긴 노래는 많은 사람들에게 감동을 주었다. 그로인해 그녀는 오페라 가수로서의 충분한 가능성을 인정받게 되었다. 특히 헤르베르트 폰 카라얀이나 다니엘 바렌보임과 같은, 세계적인 지휘자들에게 주목을 받았다.

바르톨리는 오페라 작곡가인 로시니가 작곡한 〈세비야의 이발사〉의 로시나와 〈라 체네렌톨라〉의 타이틀 롤과 모차르트의 〈피가로 결혼〉의 케루비노와 〈코시 판 투테〉의 도라벨리의 역을 맡아 열연했다. 바르톨리는 메조소프라노임에도 불구하고 소프라노가 맡는 역인 모차르트의 〈돈 조반니〉의 체를리나와 〈코시 판 투테〉의 데스피나도 맡아 자신의 실력을 유감없이 보여주었다. 바르톨리가 부른 노래는 크게 히트하면서 그녀를 세계적인 오페라 가수로 우뚝 서게 했다.

주세페 베르디

주세페 베르디(1813~1901)
이탈리아 오페라 작곡가

주세페 베르디는 1813년 이탈리아 에밀리아로마냐 주 파르마헌에서 태어났다. 베르디는 18살 되던 해인 1832년 고향을 떠나 밀라노로 가서 밀라노 음악원에 입학시험을 봤지만 입학연령 제한에 걸려 떨어지고 말았다.

그는 밀라노에서 개인교습을 받으며 작곡공부를 했다. 이듬해 밀라노 음악인 협회에서 하이든의 오페라 〈천지창조〉를 연주했을 때 그에게 지휘를 맡겼다.

1839년 베르디는 그의 첫 오페라 〈산 보니파치오의 백작 오베르토〉가 밀라노 스칼라 극장에서 초연되어 좋은 반응을 얻었다. 그때 유명한 악보 출판사 사장인 조반니 리코르다가 이 곡을 출판하겠다며 제의를 했다. 또한 스칼라 극장에서는 3편의 오페라 작곡을 의뢰하였다.

그는 〈하루만의 임금님〉을 작곡했지만 실패하고 말았다. 그 충격으로 작곡에 대해 자신감을 잃고 말았다. 베르디는 친구들의 도움과 격려로 다시 작곡을 시작하여 1842년부터 1850년에 걸쳐 14곡의 오페라를 썼다. 이 가운데 〈제1회 십자군의 룸바르디안〉 〈에르나니〉 〈잔 다르크〉 〈레냐노의 전쟁〉 등 애국정신을 가미한 곡이 특히 뛰어났으며, 시대와 맞물려 이탈리아 국민들의 찬사를 받았다.

1850년 베르디의 나이 37살 때 작곡한 〈리골레토〉는 오페라사상 큰 반향을 불러일으키며 그의 진가를 보여주었다. 그리고 〈여자의 마음〉으로 베르디의 명성은 더욱 치솟았다. 이후 베르디는 1853년 〈일 트로바토레〉 〈라 트라비아타〉를, 1867년 〈돈 카를로스〉, 1871년 〈아이다〉, 1887년 〈오텔로〉, 1893년 〈팔스타프〉 등이 작곡했다. 이탈리아 애국시인 알

렉산드로 만초니의 죽음을 애도하기 위해 쓴 〈레퀴엠〉은 베르디의 최고
의 걸작으로 평가받는다.

29

자코모 푸치니

자코모 푸치니(1858~1924)
이탈리아 오페라 작곡가

자코모 푸치니는 이탈리아 토스카나 지방의 루카에서 5대에 걸쳐 음악을 사랑하고 직업으로 하는 가문에서 태어났다. 푸치는 오르간과 피아노를 배워 대회에 나가 1등을 했는가 하면, 레스토랑에서 피아노 연주를 하며 돈을 벌었다.

그러던 중 베르디의 오페라 〈아이다〉를 보고 크게 감동하여 오페라 작곡가가 되기로 결심하고, 그의 나이 23살 때 밀라노 음악원에 입학하여 폰키엘리에게서 음악을 배웠다.

1883년 음악원을 졸업한 푸치니는 첫 오페라를 작곡하여 좋은 반응을 얻었다. 그러나 푸치니는 어머니와 동생을 잃은 불행에 좌절했다. 하지만 슬픔을 극복하고 〈마농 레스크〉를 썼는데, 1895년 초연이 큰 성공을 거두며 그는 명성을 얻게 되었다. 푸치니는 1896년 〈라 보엠〉을 써서 대 성공을 거두었으며 그의 명성은 더욱 높아만 갔다. 푸치니는 1900년 〈토스카〉, 1904년 〈나비부인〉, 1910년 〈서부 아가씨〉 등을 발표하였다. 〈토스카〉와 〈나비부인〉은 초연에 실패하였다. 하지만 시간이 지날수록 이 곡을 앞 다퉈 상연하는 일이 벌어졌다. 참으로 놀라운 현상이었다. 한편 〈서부 아가씨〉는 미국에서 초연되어 큰 반응을 불러 일으켰다.

푸치니는 1918년 1막으로 된 3부작 오페라 〈외투〉〈수녀 안젤리카〉〈자니 스키키〉를 발표하여 큰 인기를 끌었다. 그의 대표곡으로는 〈라 보엠〉〈토스카〉〈나비 부인〉 등을 들 수 있으며, 오페라 가운데 일부인 아리아 〈잔니 스키키〉에서의 '오 사랑하는 나의 아버지' 〈두란도트〉에서의 '공주는 잠 못 이루고'는 너무도 유명하다. 푸치니는 베르디를 잇은 이탈리아 오페라계의 거장으로 평가받는다.

30 프란츠 리스트

프란츠 리스트(1811~1886)
헝가리 피아니스트이자 작곡가

피아니스트이자 작곡가인 프란츠 리스트는 1811년 헝가리의 라이딩 근처에서 태어났다. 리스트는 어렸을 때부터 뛰어난 음악적 재능을 보여 베토벤 제자인 카를 체르니에게 피아노를 배웠다. 12살 되던 해인 1822년 12월 정식 피아니스트로 데뷔하였다. 1823년 리스트는 파리로 갔으며 1824년부터 파에르와 레이하에게서 푸가와 대위법을 배웠다.

1832년 천재 바이올리니스트인 파가니니의 공연을 다녀온 후 최고의 피아니스트가 되기로 굳게 결심하였다. 리스트는 베를리오즈, 로베르트 슈만 등 당대 음악가들과 화가 앵그르, 시인 하이네, 동화작가 안데르센 등과 친분을 다졌다. 그는 연주활동을 하면서 피아노곡을 발표하였다. 그리고 〈12개의 연습곡〉을 더 어렵게 편곡하였다.

1847년 리스트는 키예프에서 카펠마이스터로 일하며 연주생활을 하였다. 그러다가 1861년 이탈리아 로마로 갔다. 1865년 리스트는 로마 가톨릭 성직자가 되어 교회음악 작곡에 헌신하였다. 1869년부터 리스트는 로마, 바이마르, 부다페스트 등에서 공연했으며, 1876년부터 헝가리 부다페스트에서 음악을 가르쳤는데, 바인가르트너, 실로티, 자우어 등을 길러냈다. 리스트는 피아노연주가로 인정받으며 '피아노의 왕', '피아노의 신', '피아노의 파가니니', '교향시의 창시자'라고도 불렸다.

리스트는 19세기의 대표적인 피아니스트로 뛰어난 기교와 표현으로 피아노에 오케스트라 색채를 가미해서 생기가 넘치도록 했으며, 작곡가로서는 교향시를 창시하여 음악에 문학적 요소를 도입하는 등 세계 음악사에서 최고의 피아니스트로 평가받는다.

CHAPTER
2

미의 묘미를 탐색하다
― 세계 미술 ―

 01 마르셀 뒤샹

마르셀 뒤샹(1887~1968)
프랑스 다다이스트, 레디메이드
창시자. 주요 작품 : <샘> <큰
유리> <자전거 바퀴 의자>

마르셀 뒤샹은 프랑스 노르망디의 작은 마을인 블랭빌에서 태어났다. 뒤샹은 상징주의 화가들의 그림을 좋아했다. 상징주의 화가인 오딜롱 르동은 뒤샹의 초기 작품들에 큰 영향을 끼쳤다. 또한 상징주의와 후기인상주의, 입체주의, 야수주의 미술도 뒤샹에게 큰 영향을 끼쳤다. 뒤샹은 1906년부터는 회화에 전념했는데 이때 작품들은 뭉크와 고갱이 주로 선택했던 주제와 비슷하게, 신화적이고 종교적인 경향을 띠었다. 1911년에 뒤샹은 퓌토 그룹에 가입했지만 이 운동에 전념한 것은 아니었다.

뒤샹은 1912년 〈계단을 내려오는 누드 NO.2〉를 제작해 입체주의 앙데팡당전에 출품했지만, 주최 측은 그의 작품을 탐탁지 않게 여겼다. 1913년에 그는 이 작품을 뉴욕의 '아모리 쇼'에 출품했지만 사람들의 반응과 아방가르드 미술가라 자처하는 이들의 폐쇄성에 크게 실망했다. 그후 뒤샹은 '레디메이드'를 창안해, 미술작품의 전통적인 제작방식을 바꾸었다. 그는 예술가가 의지만 가지고 있다면 진부하거나 대량생산된 물건들도 얼마든지 예술작품이 될 수 있다고 생각한 것이다.

그의 첫 레디메이드 작품은 〈자전거 바퀴〉다. 이후 1914년 뒤샹은 아홉 개의 구리 조각을 두 장의 글라스에 끼운 〈아홉 개의 수형, 나쁜 남자들〉을 발표하였으며, 1917년 뉴욕의 앙데팡당 미술전에는 남성 소변기로 만든 〈샘〉을 출품함으로써 반예술의 자세를 취하하는 등 자신만의 작품세계를 공고히 했다. 그럼에도 그는 당시 미술계의 문제아로 인식될 뿐이었다.

하지만 훗날 뒤샹이 미술계에 끼친 영향은 실로 지대하다. 그는 입체주의와 다다이즘, 초현실주의뿐 아니라, 팝아트와 개념미술, 미니멀리즘에도 영감을 주었으며, 나아가 다음 세대의 미술가들에게도 지속적으로 영향을 끼쳤던 것이다. 뒤샹은 미의 개념을 새롭게 정의한 혁신적인 미술가로 평가받는다.

02 베네치아 비엔날레

1895년 베네치아 비엔날레.

비엔날레 Biennale 란 이탈리아어로 2년마다라는 뜻으로 격년제로 열리는 미술 전시회나 미술행사 등을 일컫는 용어이다. 베네치아 비엔날레가 2년마다 열리게 된 데에는 이탈리아의 시인 가브리엘레 단눈치오의 생각에 따른 것이다. 이를 기준으로 하여 3년마다 열리는 전시회는 트리엔날레, 4년마다 열리는 전시회는 콰드리엔날레라고 한다.

베네치아 비엔날레는 세계에서 가장 유서 깊은 비엔날레로 가장 대표적인 비엔날레이다. 베네치아 비엔날레는 1895년 처음 시작하여 오늘이 이르고 있다. 2025년 현재 시점에서 볼 때 베네치아 비엔날레는 140년 동안의 역사를 통해 추상주의, 표현주의, 아방가르드, 팝아트 등 세계 미술사에 출현出現하는 새로운 사조들과 더불어 현대 미술의 흐름을 함께해왔다.

베네치아 비엔날레는 미국의 휘트니 비엔날레, 브라질의 상파울루 비엔날레와 함께 세계 3대 비엔날레로 불리지만, 비엔날레 규모와 내용 면에서는 가장 크고 영향력 있는 전람회라는 데에는 이의가 없다.

베네치아 비엔날레의 가장 큰 특징은 다른 비엔날레와 달리 국가별로 독립된 전시공간인 국가관을 운영한다. 이는 국가별로 전시관을 둬 관람객들이 각 나라의 작품을 관람하게 함으로써 그 나라의 예술미와 작품성 및 특징을 쉽게 습득하게 하기 위함이다. 그런 까닭에 베네치아 비엔날레를 일컬어 '미술계의 올림픽'이라고 한다.

그리고 각 나라 전시관과 더불어 자르디니 중앙전시관과 아르세날레 전시관이 있는데, 이곳엔 주최 측이 임명한 큐레이터가 총감독이 되어 전시를 기획하고, 이와 더불어 전시의 주제를 선정해 이에 따라 세계 각국 미술가를 초청하여 그들의 작품을 전시한다. 그런 까닭에 이곳에 전시되는 것 자체만으로도 예술가에겐 매우 영광스러운 일이라고 할 수 있다.

03 금세기 미술 갤러리

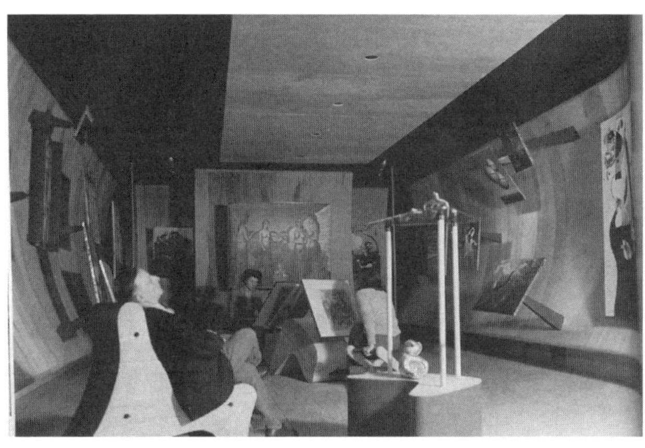

금세기 미술 갤러리의 전시 작품

20세기 현대 미술사의 탁월한 컬렉터이자 기획자인 페기 구겐하임. 그녀는 제2차 세계대전의 전운이 짙어지자 유럽에서의 활동을 접고 미국으로 갈 결심을 한다. 그녀는 전쟁이 일어난다는 소문에 싸게 작품을 내 놓은 화가들의 작품을 닥치는 대로 사들였다. 거기엔 유명 화가들의 작품도 많았다. 그녀는 작품을 가지고 미국으로 갔다. 미국으로 온 페기는 미국 뉴욕 57번가에 화랑을 열었는데, 이 화랑이 '금세기 미술 갤러리'이다.

그녀는 이 갤러리를 1942년부터 1947년까지 운영하였다. 금세기 미술 갤러리는 미국 현대 미술의 산실이고, 세계 미술의 중심지를 유럽에서 미국으로 이전하는 데 중심적 역할을 하였다. 화랑의 특징은 오목한 벽, 전시공간 가운데 있는 얇은 나무 액자, 줄로 공중에 매달은 전시그림 등 프레드릭 키슬러가 설계한 인테리어 디자인이 당시에는 아주 독특하다는 평가를 받았다.

화랑은 4개의 전시실을 갖추고 입체주의, 추상주의, 초현실주의 작품들을 전시하였다. 당시 미국에는 전쟁을 피해 떠나 온 화가들이 많았다. 독일의 다다이스트 화가인 막스 에른스트, 에스파냐의 초현실주의 화가인 살바도르 달리, 스위스의 조각가이자 미술가인 알베르토 자코메티 등이 대표적이다. 이들은 20세기 현대 미술을 대표하는 작가들로 그들의 혁신적인 작품의 기획전들이 이곳에서 열렸다.

또한 미국의 무명작가로 활동하던 '액션 페인팅'을 창시한 잭슨 폴락, 미국 추상표현주의의 작가인 마크 로스코, 클리포드 스틸을 지원함으로써, 이들은 일취월장하여 자신의 분야에서 거장이 되었다. 이처럼 페기는 재능 있는 화가들을 통해 비전을 발견하고 그들을 적극 후원하였던 것이다. 이렇듯 금세기 미술 갤러리는 작가들이 맘껏 작품활동을 할 수 있던 공간을 마련하면서 현대 미술이 발전하는 데 크게 기여하였다.

04 큐레이터

한스 울리히 오브리스트
(1968~) 스위스 미술 큐레이터

큐레이터 curator 란 박물관, 미술관 등에서 전시물의 수집과 관리 그리고 연구, 전시기획 등 종합적인 업무를 담당하는 직업을 말한다. 우리말로 하자면 학예사라고 할 수 있다. 큐레이터가 되기 위해서는 그 분야에 깊은 전문지식을 갖고 있어야 한다. 또한 작품을 보는 뛰어난 안목과 전시기획 능력을 갖추어야 한다. 이를 좀 더 부연한다면 미술관의 마에스트로이자 기획자라고 할 수 있다.

큐레이터는 어떤 일을 하느냐에 따라 세분화할 수 있는데, 첫째, 전시 관계의 업무를 담당하는 직무, 연구를 담당하는 직무, 기술적인 문제들을 담당하는 직무, 교육 및 홍보를 담당하는 직무, 작품의 수집과 보존을 하는 직무, 전시기술은 물론 관련된 도서나 문헌 등으로부터 녹음, 녹화에 이르기까지 전반적인 부분에 대한 직무, 전시와 보존 및 복원하는 직무 등을 들 수 있다. 나아가 좋은 작품을 수집하는 직무는 그 어떤 일보다도 중요하다. 이는 타고난 감각과 전문지식, 작품을 보는 눈썰미가 뛰어나야 하기 때문이다.

세계적으로 유명한 큐레이터를 보자면 예술의 경계를 넘나드는 혁신가로 평가받는 큐레이터인 스위스의 한스 울리히 오브리스트, 미국 뉴욕 국제사진센터의 수석 큐레이터인 크리스토퍼 필립스, 프랑스에서 활동하는 한국인 큐레이터인 김승덕, 네덜란드 판아베 미술관의 디렉터인 찰스 에셔, 프랑스 디종 르 콩소르시움 디렉터인 프랑크 고트로 등을 들 수 있는데 이들이 큐레이터로서 세계적으로 인정받는 것은 자기 나름의 뛰어난 지식과 안목, 기회능력을 지녔기 때문이다.

“보물을 보존해 대중에게 보여주는 것이 컬렉터의 의무이다.”

이는 현대 미술사에 큰 족적을 남김으로써 전설이 된 페기 구겐하임이 한 말로, 작품을 보는 안목, 수집, 기회 능력을 고루 갖춘 그녀야말로 진정한 큐레이터이자 컬렉터의 전형이라고 할 수 있다.

아방가르드

마르셀 뒤샹의 <계단을
내려오는 누드 2> (1912)

아방가르드avant garde 는 전위예술이라고 하는데 예술, 문화, 사회에 대한 실험적이자 비전통적인 작업은 물론 그에 속한 작가 모두를 총칭하는 말이다. 아방가르드가 생기기 시작한 것은 제1차 세계대전 중에 발생한 다다이즘부터였는데 입체파, 표현주의, 초현실주의로 이어지면서 유럽에서 일어난 예술운동이다. 이를 좀 더 부연한다면, 아방가르드는 어떤 유파나 기존 예술적 관행에서 벗어나 새로운 것을 추구했던 입체파, 표현주의, 다다이즘, 초현실주의 등의 예술행위를 통틀어서 일컫는 말이다.

아방가르드의 특징은 어떤 것이든 예술이 인기를 끌게 되는 순간 더 이상 아방가르드가 아니라는 것이다. 다시 말해 처음의 예술사조 자체가 기존과는 전혀 다른 새롭고 혁신적인 것, 진부함을 타파한다는 목적을 지닌 것이기에 이는 마땅하다고 할 수 있다. 그런 까닭에 모더니즘 시기에는 모더니스트들이 자신들을 아방가르드적 대표 예술가로 자처하며 그 중심에 있음을 강조하였다.

하지만 오늘날의 모더니즘 예술은 아방가르드가 아니라 일반적인 것, 보통의 예술로 여긴다. 이렇듯 아방가르드는 지금과 다른 예술적 가치성을 추구하는 것이기에 어떤 예술이든 널리 알려지게 되면, 그때부터는 새롭지만 더 이상 새로운 것이 아닌 보편적이자 보통의 예술적 가치를 지니게 된다.

대표적인 아방가르드 작가를 보면 마르셀 뒤샹을 들 수 있다. 그 역시 기존과는 전혀 화장실 변기 같은 것을 소재로 한 작품활동을 펼쳤는

데 이러한 그의 예술적 행위는 많은 사람들에게 비난을 받았다. 하지만 그는 자신만의 예술적 가치와 미를 포기하지 않음으로써 지금은 세계 미술사에 경이롭고 혁신적인 예술가로 평가받고 있다. 모든 예술이 다 그렇듯 처음엔 기존과 다르나 보니 비판과 함께 외면을 받기도 하지만, 시간이 흐르고 나면 그 또한 하나의 예술적 가치를 지니게 된다. 아방가르드 또한 예외일수 없는 예술적 사조라고 할 수 있다.

06 미술사조

라스코 동굴 벽화

사조思潮란 한 시대의 일반적인 사상의 흐름을 뜻하는 말이다. 그러니까 미술사조란 각 시대의 변화와 흐름에 따른 미술적 특징, 추구하는 지향성, 예술적인 시도 방법 및 작품의 경향성을 말한다고 하겠다. 미술사조가 중요한 것은 그 시대의 삶과 생활상 및 사회성을 알 수 있기 때문이다. 이를 시대별로 살펴보는 것도 미술을 이해하는 데 큰 도움이 될 것이다.

첫째, 원시시대에는 알타미라 동굴벽화와 같은 동굴벽화, 짐승의 뼈 또는 동물그림 등을 통해 당시 수렵생활 등의 흔적을 엿볼 수 있다.

둘째, 고대 미술은 대표적으로 이집트, 그리스, 로마를 중심으로 발전했던 건축과 그림, 조각 등을 통해 당시의 생활상을 알 수 있다. 이집트의 피라미드와 파라오상, 그리스의 파르테논 신전, 로마의 콜로세움 등이 있다.

셋째, 중세 미술은 4세기에서 14세기에 이르는 종교, 다시 말해 가

톨릭을 중심으로 하는 초자연적이며 상징적인 형상의 미술과 교회건축
물을 들 수 있다. 비잔틴 미술, 로마네스크 미술, 고딕 미술이 이에 해당
한다.

　넷째, 근세 미술은 15세기에서 18세기에 이르는 절대왕정주의와 중
상주의重商主義를 바탕으로 르네상스, 바로크, 로코코 등의 양식을 들 수
있다.

　다섯째, 근대 미술은 19세기 이후 등장한 신고전주의, 낭만주의, 사
실주의, 인상주의 등을 미술적 특징으로 들 수 있다.

　여섯째, 현대 미술은 20세기 초 이후의 야수파, 입체파, 표현주의, 미
래파, 초현실주의, 추상주의 등을 수 있다.

　이상에서 살펴본 바와 같이 오늘날의 미술은 각 시대의 미술적 경향
과 그 시대의 특징과 예술적 가치를 이어 옴으로써 발전한 결과라고 할
수 있다. 그런 까닭에 그 어떤 경향의 미술일지라도 소중히 보존해야 하
겠다.

07 성 베드로 대성당

성 베드로 대성당 전경

　로마 가톨릭교의 상징인 성 베드로 대성당은 교황 우르바노 8세의 요청으로 르네상스 시대의 거장 미켈란젤로가 설계한 돔과 함께 르네상스와 바로크의 양대 예술작품 가운데 최고의 건축물로 평가받는다. 성 베드로 대성당의 규모를 보면 높이가 137m, 깊이는 218m로 총 면적이 $22,067m^2$에 이른다. 약 6만 명을 수용하는 방대한 규모로 기둥이 무려 778개, 제단 44개, 모자이크 135개, 동상 395개로 구성되었다.

　돔은 미켈란젤로에 의해 설계되었으며, 그의 제자인 자코모 델라 포르타가 맡아 1590년에 공사가 마무리되었다. 돔 내부의 직경은 42.56m, 정상까지의 높이는 136.57m이다.

　또한 성 베드로 대성당의 정면은 카를로 마데르노의 설계로 1612년에 완성되었다. 높이는 45.55m, 폭은 114.69m로 커다란 창문들과 입구, 로비로 이어진다. 최상단에는 넓은 공간이 있고 하나의 작은 원주圓柱들 위에 6m 높이의 조각들이 있으며 옆에는 종탑과 시계탑이 있다. 가운데 창문은 교황의 강복대이다. 교황이 새로 선출되었을 때나 성탄절과 부활절에 세상의 평화를 위해 축하 메시지를 전해주는 곳이다.

그리고 성당의 내부 길이는 현관을 포함해 211.5m이며, 천장 높이는 45.44m이다. 성당 내부 오른쪽엔 미켈란젤로의 걸작인 〈피에타〉가 있는데, 십자가에서 내려진 그리스도가 성모의 팔에 안긴 형상의 조각품이다. 피에타는 미켈란젤로가 24살 때 제작한 조각품으로 그의 여러 작품 가운데 유일하게 서명을 남긴 것으로도 유명하다. 이렇듯 성 베드로 대성당은 건축물의 규모나 건축양식, 미적·예술적으로 볼 때 세계 최고의 건축물 중 하나로 손색이 없다.

08 컬렉터 페기 구겐하임

페기 구게하임(1898~1979) 미국 미술 수집가

20세기 현대 미술사의 탁월한 컬렉터이자 기획자인 페기 구겐하임. 그녀는 탁월한 컬렉터로 현대 미술이 발전하는 데 기여한 바가 매우 크다.

페기의 어린 시절 그녀의 아버지는 그녀에게 예술을 가르치기 위해 가정교사를 초빙했다. 가정교사는 페기를 박물관에 데리고 다니며 고전 미술에 눈뜨게 했으며, 프랑스 역사와 문학에 관한 상식을 길러 주었다. 그녀가 인생을 원하는 대로 살 수 있었던 것은 새 가정교사 루실 콘의 영향이었다. 루실 콘의 가르침은 직간접적으로 페기의 삶에 녹아들었다. 페기는 미술과 관련된 지식, 예술가의 사고 방식뿐만 아니라 자유분방함까지 갖추게 되었다.

페기는 친구인 페기 윌드먼에게서 화랑을 권유받았다. 그녀는 자신의 계획을 위해 20세기 가장 영향력 있는 예술가로 평가받는 마르셀 뒤샹을 찾았고, 그의 도움으로 화랑을 시작했다. 페기는 화랑 이름을 '구겐하임 죈'이라고 지었다.

첫 전시회는 파리 현대 미술의 선구자로 불리는 장 콕토 전시회였다. 이후 칸딘스키, 브랑쿠시, 레이몽 뒤샹 비용, 알렉산더 콜더, 앙투안 페프스너, 아르프와 그의 아내, 앙리 로랑스, 존 터나드 이브 탕기 등의 전시회를 잇달아 열었다. 결과는 대성공이었다. 구겐하임 죈은 런던 예술계의 중심으로 떠올랐다. 여는 전시마다 성공하자 페기의 명성도 올라갔다.

페기는 미국으로 건너가 뉴욕 7번가에 화랑 '금세기 미술 갤러리'를 열어 유럽 미술가들과 미국 미술가들의 교류의 장이 되어 추상표현주의가 발전하는 데 크게 기여했다. 그후 페기는 작품들을 베네치아로 옮겨 '페기 구겐하임 미술관'을 개관해 자신의 입지를 확고히 다졌다. 현대 미술사에서 그녀는 진정한 예술혼을 가진 위대한 미술인이었다.

09 기도하는 손

알브레히트 뒤러
(1471~1526) 독일 화가이자
판화가.

르네상스를 대표하는 화가이자 판화가로, 〈기도하는 손〉으로 유명한 알브레히트 뒤러. 그가 독일 미술계에 끼친 영향은 실로 막대하다. 그는 독일의 르네상스 회화를 완성시켰으며, 동판과 판화 등에서 뛰어난 업적을 남겼다. 특히 뒤러를 상징하는 그림 〈기도하는 손〉은 그의 수많은 작품 가운데서도 단연 으뜸으로 꼽히는데, 여기에는 너무도 아름다운 친구의 우정과 사랑이 담겨 있기 때문이다.

젊은 시절, 뒤러는 무척 가난했는데 그 속에서도 화가의 꿈을 포기하지 못했다. 그러던 어느 날, 자신처럼 화가의 꿈을 가진 친구와 한 가지 약속을 하게 되었다. 한 사람이 공부를 하는 동안 한 사람은 일을 해서 도움을 주고, 그 사람이 공부를 마치면 반대로 똑같이 해주기로 한 것이다. 뒤러는 자신에게 기회를 양보해준 친구가 너무도 고마워 열심히 공부하였다.

시간이 흘러 친구의 도움으로 무사히 공부를 마친 그는 화가로서 명성을 얻게 되었다. 이제 친구가 공부할 차례라고 생각한 뒤러가 말했다. 이때 친구는 기쁜 마음으로 공부를 시작했지만 그는 이내 실망하고 만다. 그동안 심한 노동으로 인해 손이 거칠어지고 굳어져 세밀한 묘사를 할 수 없게 된 것이다.

어느 날 뒤러는 친구를 만나기 위해 그가 공부하는 화실로 찾아갔다. 그때 안에서 비록 친구는 그림을 그릴 수 없지만, 자신을 위해 기도하는 친구의 기도를 듣게 된다. 뒤러는 친구의 간절한 기도를 듣고 크게 감복하여 눈물을 흘렸다. 그리고 이 세상에서 가장 아름다운 친구의 손을 그

알 브레히트 뒤러의 <기도하는 손> (1508)

리기 시작했는데, 그 그림이 바로 〈기도하는 손〉이다. 뒤러가 남긴 작품은 유화 100점, 목판화 350점, 동판화 100점, 데생 900점에 이른다.

10 만종

장 프랑수아 밀레
(1814~1875)
프랑스 화가이자 바르비종파의
창시자. 대표 작품 : <이삭 줍는
여인들> <만종> <씨 뿌리는
사람> 외.

밀레는 사실주의이자 자연주의 화가라 불린다. 그는 농부들의 삶을 그림으로 담은 걸로 유명하다. 그는 데생과 동판화에도 뛰어나 많은 걸 작품을 남겼다. 밀레의 그림은 19세기 후반의 전통주의부터 모더니즘으로의 변화를 보여준다. 그의 그림은 사실주의, 인상주의, 후기인상주의 화가들에게 큰 영향을 끼쳤다.

농부 부부가 일하다 저녁종이 울리자 자리에서 일어나 기도하는 모습의 그림인 〈만종〉. 이 그림은 가난하지만 주어진 현실에 감사하며 일하는 농부 부부의 모습에서 참 평화를 느끼며 마음이 평온해짐을 느끼게 된다. 밀레가 〈만종〉을 그리게 된 것은 미국인 토머스 G. 애플턴의 청탁 때문이었다. 밀레는 그림을 완성한 후 이 작품의 제목을 '감자의 수확을 기도하는 사람들'이라고 했다가 '만종'으로 바꾸었다.

그런데 작품의 구매자인 애플턴이 작품을 가져가지 못하게 되자, 밀레는 1865년부터 이 작품을 공개적으로 전시하며 작품에 나타난 손을 여러 번 바꾸었다. 몇몇 사람들은 그의 공명空名을 의심했기 때문에 실질적으로 밀레는 손의 모양을 계속 바꿨다. 하지만 이런 작업은 작품의 가치를 떨어뜨렸을 뿐이었다. 그후 미국과 프랑스는 이 작품을 서로 사기 위한 경매경쟁이 계속하였다. 그로부터 몇 년 후, 프랑스 측에서 80만 프랑을 제시하면서 비로소 경매경쟁은 끝이 났다.

이 경우에서 보듯 그림은 비싼 가격으로 판매되었지만 정작 밀레의

장 프랑수아 밀레의 <만종> (1857~1859)

가족은 가난에 허덕였다. 이러한 폐단을 없애기 위해 화가의 작품을 되팔게 될 경우 그 수익의 일부를 화가나 화가의 가족에게 지급하는 정책이 시행되었다. 밀레는 생전에 가난했지만 그의 그림은 그의 명성을 드높이게 했다.

11 비잔틴 양식

비잔틴 양식으로 그려진 예수 그리스도

비잔틴 양식 Byzantine art 은 중세 미술에 있어 5세기부터 6세기경 오리엔트 지역의 사실주의와 서양의 헬레니즘 미술이 혼합되는 등 동서양 미술이 융합된 시기로, 돔 양식과 모자이크 장식이 특징이다.

비잔틴 양식은 330년 콘스탄티누스 1세가 콘스탄티노플로 수도를 옮기며 시작되었다고 보는 게 정설이다. 6세기 유스티니아누스 1세 황제 시대에 제국의 전성기를 맞아 문화적으로 부흥하였으나, 8세기에서 9세기를 거쳐 성화상 논쟁, 다시 말해 성화상이나 성화를 받드는 것을 우상숭배로 볼 것이냐의 여부를 두고 일어난 논쟁으로, 8세기 동로마제국 레오 3세 때에 일어난 일을 가리킨다.

하지만 16세기 서유럽에서 일어난 프로테스탄트 등의 종교미술 부정운동까지를 포함하기도 하며, 사라센 제국의 침입으로 다수의 미술품이 소실되었다. 그러나 10세기부터 12세기 때 부흥기를 거치며 지중해와 발칸 반도, 러시아의 문화권에 큰 영향을 끼쳤다. 이후 비잔틴 양식은 13세기에 들어서 거듭된 오스만 제국의 침입과 십자군전쟁으로 비잔틴 제국의 국력이 쇠약해져 붕괴됨에 따라 종식되었다.

비잔틴 양식은 고대 헬레니즘 미술의 전통을 계승하면서도 유럽과 소아시아의 사산제국의 문화와 이슬람 미술의 영향을 받았다. 그리고 그리스도교 사상을 기초로 하여 발전하였다. 비잔틴 양식의 가장 큰 특징은 평면적이며 상징성의 표현이 뚜렷하다. 공간을 얕게 하고 색채를 강조함으로써 건축물 내부 장식은 물론 회화와 소소한 공예품까지도 금색으로 화려하게 표현했다.

이는 종교가 지닌 엄숙한과 감정을 표현함으로써 천국과 같은 황홀한 분위기를 드러내기 위함이었다. 인물을 표현함에 있어서는 신체의 비율을 길게 그렸으며, 신체는 비개성적이고 평면적으로 표현하고, 눈을 강조하여 크게 표현하였다. 비잔틴 양식은 러시아, 이탈리아 르네상스 미술에 영향을 주는 등 유럽 그리스도교 미술에 큰 영향을 끼쳤다. 대표적인 건축물로 이탈리아의 산 비탈레 성당과 베네치아의 산 마르코 성당이 있다.

12 고딕 양식

프랑스 파리에 있는 고딕 양식의 노트르담 대성당

고딕 양식Gothic art 은 12세기에서 15세기 무렵까지 서유럽 각지에 널리 퍼졌던 미술 양식이다. '고딕Gothic '이란 말은 르네상스 시대의 미술가들이 그들 이전의 미술을 야만적이라고 천대하여 부른 데에서 유래하였다고 한다. 고딕 양식은 일드 프랑스를 중심으로 한 카페 왕조의 지배 하에 놓여 있던 북프랑스가 그 중심에 있었다. 고딕 양식의 시초가 된 것은 수도원장 슈제르가 세운 생 드니 교회나 상스 본사원을 들 수 있다.

이후 약 1세기 동안에 유럽 지역의 교회들과 대수도원, 그리고 수많은 대성당과 수많은 성城, 궁전宮殿, 마을회관, 각 기관 협회건물, 종합대학을 비롯해 많은 주택에 이르기까지 고딕 양식으로 지어졌다. 특히 교회가 대형화됨으로써 이를 건축하는 데 따른 건축방법인 궁륭구조와 그것을 떠받치는 벽체공법은 눈부신 발전을 이루며 고딕 양식은 전성기를 이루었다. 이를 좀 더 부연하면, 고딕 양식이야말로 중세 문화를 대표하는 문화라 할 수 있으며, 이의 핵심을 이루는 것은 교회 건축물이다.

이 건축 양식은 천국을 갈망하는 중세 사람들의 뜨거운 신심을 구현한다고 할 수 있다. 이를 잘 알게 하듯 고딕 양식은 높은 천장과 수직 첨탑에 아치 양식을 더하고, 크고 긴 창문은 아름다운 채색 유리로 꾸며 내부가 밝다는 것이 특징이라고 할 수 있다. 이를 좀 더 구체적으로 말하면 고딕 건축의 유물인 하늘로 솟구친 첨탑과 스테인드글라스와 성서를 상징하는 듯한 조각들, 성경 필사본과 섬세한 표현의 공예품 등은 모두 그 당시 사람들의 신실한 신심信心을 잘 잘 알게 한다.

고딕 양식은 프랑스를 중심으로 발전했던 기독교 미술의 상징적 건축미의 양식으로, 대표적 건축물로는 프랑스의 노트르담 대성당, 독일의 쾰른 대성당, 이탈리아의 시에나 대성당과 밀라노 대성당을 들 수 있다.

13 르네상스 미술

필리포 브루넬레스키(1377~1446)
이탈리아 건축가

르네상스Renaissance 란 14세기에서 16세기에 걸쳐, 이탈리아를 중심으로 하여 유럽에서 일어난 인간성 해방을 위한 문화혁신운동 또는 부흥운동을 이르는 말이다. 르네상스 미술은 기독교 중심의 중세 미술에 반발하여 고대 그리스, 로마미술로 돌아가 인간성 회복에 중점을 둠으로써 문예예술의 부흥을 이루는 데 중심이 되었다.

르네상스 미술이 시작하게 된 계기는 이탈리아의 건축가이자 조각가인 브루넬레스키와 조각가인 도나텔로가 로마에서 고대 로마식 건축과 조각에 관한 연구에 집중한 것이 계기가 되었다. 이들은 자신들의 고전 지식을 활용한 작품활동을 시작함으로써 고대 세계의 미술이 다시 잠에서 깨어나 새롭게 빛을 보게 되었다.

르네상스의 가장 큰 특징은 고전주의와 인본주의, 자연의 재발견, 개인의 창조성 등을 중시한 르네상스 정신이 가장 두드러지게 표현된 것은 미술 분야였다. 당시 미술은 광범위하게 전개되었는데 과학 및 자연을 탐구하는 수단이었으며 그것을 통해 새로운 발견의 기록이었다. 다시 말해 미술은 눈으로 보는 대상에 대한 관찰에 바탕을 두고 원근법 등의 수학적 방법에 따라 실행되었던 것이다.

르네상스의 대표적인 화가로는 13세기 말과 14세기에 이르는 초기 르네상스에는 지오토가 있다. 15세기에는 피렌체를 중심으로 보티첼리, 만테냐가 활약했고, 16세기에는 로마, 밀라노, 베네치아 등지에서 레오나르도 다빈치, 미켈란젤로, 라파엘로 같은 이들이 르네상스 회화

양식을 완성하였다.

　대표적인 작품으로는 레오나르도 다빈치의 〈모나리자〉와 〈최후의 만찬〉, 미켈란젤로의 〈천지창조〉와 〈최후의 심판〉, 라파엘로의 〈아테네 학당〉과 〈성모자상〉 등이 있다. 또한 성 베드로 대성당, 피렌체 대성당 등의 건축물과 미켈란젤로의 다비드 상 등의 조각 작품이 있다.

14 바로크 양식

렘브란트의 <야경>(1642)

바로크 양식 Baroque art 은 16세기말 이탈리아에서 시작된 바로크 시대의 건축 양식을 이르는 용어인데, 르네상스 건축 양식에 로마식 표현형식을 더한 것이 특징이다. 그리고 빛과 그림자의 대비를 극대화하면서 형태와 색을 도드라지게 하여 드라마틱한 강렬함을 불러일으키는 특징을 지니고 있다.

여기서 바로크라는 용어는 '비뚤어진 모양을 한 기묘한 진주眞珠'라는 뜻인데, 이는 16세기 유럽을 지배했던 고전주의 르네상스 뒤에 나타난 양식에 대하여 모멸적인 뜻으로 사용되었다. 그러나 바로크는 미술사적·예술학적으로 연구대상이 되었다. 나아가 지금에 이르기까지에는 바로크 양식의 개념이 다른 예술 양식에도 적용되었고 적용되고 있다.

바로크 양식은 초창기에는 개신교가 태동胎動 할 수 있었던 종교개혁에 대한 대처對處 로 가톨릭 교회가 자진하여 개혁에 나선 자구自求 적 개혁과 연관되어 있었다. 그런 까닭에 바로크 건축물과 조각의 장식물들은 인간의 심성에 호소하는 한편, 교회의 승리와 권위를 자각시키려는 역할을 하였다. 그리고 가톨릭 교회의 영광과 전제주의 왕정의 강력하고 절대적인 힘을 과시하기 위한 목적으로 사용되었다.

바로크 양식은 이탈리아 각지에 널리 퍼져 베네치아의 산타 마리아 델라살루테 성당과 G.티에폴로의 회화, 토리노의 성신도네 교회, 나폴리의 카세르테 궁, 북방 바로크 양식의 중심지인 빈에는 마르티넬리, 아돌프 힐데브란트 궁전과 모르베르슈의 회화가 있다. 또한 에스파냐에서는 바로크 양식이 전통적인 추리게레스코 양식과 결합하여 마드리드의 성 페르난도 구제원, 그라나다의 샤르트르 회성당 등을 꼽을 수 있다. 바로크 양식의 대표적인 작품은 회화로는 루벤스의 〈마리 드 메디시스의 생애〉〈생의 환희〉와 렘브란트의 〈야경〉〈자화상〉 등이 있으며, 건축물로는 베르사유 궁전이 있다.

15 야수파

앙리 마티스의 <춤>(1910)

야수파fauvism 는 20세기 초반의 모더니즘 예술에서 표출된 미술사조이다. 야수파는 고흐와 고갱에서 직접적인 영향을 받고 나타난 사조로서, 강렬한 표현과 색을 선호했다. 이를 좀 더 부연하면 인상주의의 빛에 의한 명암법을 거부하고 원색을 사용했으며 단순화한 형태, 자유로운 붓놀림을 통해 주관적 감정을 역동적으로 표현하였다.

야수파 운동은 앙리 마티스, 알베르 마르케, 조르주 루오, 앙리 망갱을 비롯해 모리스 드 블라맹크, 앙드레 드랭, 키스 반 동겐, 에밀 프리에즈, 조르주 브라크도가 중심이 되었다. 특히 앙리 마티스가 중심이 되었으며 이에 공감하고 동조하는 화가들의 지지를 받았다. 야수파 운동의 결정적인 계기는 1901년 베르넴 쥔 화랑에서 개최된 고흐전과 모로의 자유로운 회화교육을 들 수 있다. 이들이 추구하는 방향은 앙리 마티스와 마르케가 같은 모델, 같은 모티프를 동시에 그리는 등의 공통점이 많았던 까닭이다.

야수파 운동은 1900년경에 시작되어 1910년 이후까지 지속되었지만, 실제적으로는 1905년부터 1907년까지 대략 3년 동안 세 차례의 전시회를 갖는 데 그쳤다. 이 기간 동안의 작품을 보면, 순색純色을 사용하고 빨강, 노랑, 초록, 파랑 등의 원색을 굵은 붓을 사용하여 새로운 색의 결합에 대한 기본적인 의도에 따라 나무나 꽃 같은 대상을 붉은색을 사용함으로써, 사실주의의 색채체계를 완전히 파괴했으며, 명암이나 양감 등도 과감하게 시도하였다.

다시 말해 대상에 대한 격렬한 표현과 강렬한 색채는 고흐의 영향을 받았으며, 그림이 대상에서 독립된 색과 형상에 따른 점에서는 고갱의 영향을 받았다. 이를 테면 미술사적 관점에서 본다면, 과감하고 저돌적인 최초의 예술적 혁신이었다고 할 수 있다. 야수파의 대표작으로는 앙리 마티스의 〈후식〉과 루오의 〈미제레레〉 등이 있다.

16 입체파

페르낭 레제의 <파이프를 든 남자> (1920)

입체파는 형태 및 형식을 지향하는 야수파 운동을 전후해서 일어난 프랑스의 회화 운동이다. 입체파는 조르주 브라크의 작품에 큐브입체라는 제목이 붙여진 데서 비롯됐는데, 입체파가 일어나게 된 계기는 인상파부터 시작해 야수파, 표현주의에서 절정을 이룬 색채주의에 대한 거부감 때문이다. 이는 기존의 원근법적인 방식을 벗어나서 한 사물의 서로 다른 측면을 평면에 동시에 그려냄으로써 입체적 형태를 표현하고자 했던 것이다.

입체파라는 용어가 처음 생겨난 것은 1908년 11월 다니엘 칸바일러의 화랑에서 열린 조르주 브라크의 레스타크 풍경화 전시에 대한 리뷰에서 루이 복셀르가 '작은 입방체들'이라고 한 데서 따른 것이다. 입체파는 색채와 질감을 제한하고 대상을 단면으로 분해한 분석적 입체파에서 콜라주라는 새로운 기법이 구사된 종합적 입체파로의 과정을 거치며 전개되었다. 입체파는 표현주의와 미래주의, 다다 등 20세기 전반의 미술에 광범위하고 지속적인 영향을 주었다.

입체파가 서양 미술에 끼친 영향에 대해 미술사학자 로버트 로젠블럼은 아인슈타인이나 프로이트의 발견에 버금갈 정도로 혁명적이라고 설파하였고, 마크 앤들리프와 패트리샤 라이튼은 입체주의가 단지 그 후의 회화와 조각, 사진만이 아니라 건축과 가구, 일상용품에 이르기까지 우리 일상의 모든 것에 있어서 디자인까지 변모시킨 조형혁명의 시작이었다고 강조하였다.

입체파 작가로는 파블로 피카소, 조르주 브라크 등이 있으며 대표적

인 작품으로는 피카소의 〈아비뇽의 처녀들〉〈게르니카〉〈우는 여인〉〈꿈〉
〈거울 앞에 선 여인〉〈인형 든 마야〉〈한국에서의 학살〉과 조르주 브라크
의 〈카드가 있는 정물〉〈포르투갈 사람〉〈에스타크〉〈과일 그릇과 식탁
보 위의 과일〉 등을 들 수 있다.

17 초현실주의

조르주 데 키리코의 <사랑의 노래> (1914)

초현실주의 surrealism 는 제1차 세계대전 이후부터 제2차 세계대전 이전에 이르는 시기 프랑스를 중심으로 유럽과 미국에서 널리 유행한 사조다. 이 말을 처음 쓴 사람은 시인 기욤 아폴리네르이다. 그리고 초현실주의가 명확한 형태를 갖추게 된 것은 프랑스의 시인으로 초현실주의의 주창자인 앙드레 브르통이 《초현실주의 선언》을 발간한 1924년이며, 1925년에는 이 운동의 첫 종합전이 파리에서 개최되었다.

초현실주의란 이성理性의 지배를 받지 않는 공상空想과 환상幻想의 세계를 말하는 것으로, 사실주의나 추상예술과는 대립되는 개념이다. 하지만 기술적으로는 사실성과 추상성을 내포하고 있다고 볼 수 있다. 인간은 무의식, 꿈의 세계 등 같은 비현실 세계를 나타내기 위해 사물을 모순되게 배치하기도 하고 그 형태로 나타내기도 한다.

근대 미술에서 화면에 종이, 인쇄물, 사진 등을 오려 붙이고, 일부에 가필하여 작품을 만드는 콜라주와 나뭇조각이나 나뭇잎, 시멘트 바닥, 기타 요철이 있는 물체에 종이를 대고 색연필, 크레용 등으로 문질러 거기에 베껴지는 무늬나 효과를 응용한 회화기법인 프로타주 등의 표현기법은 현대 미술에 큰 영향을 끼쳤다.

초현실주의 원천은 다다이즘에 있다. 다다이즘은 제1차 세계대전 후의 기성의 전통과 질서에 대한 파괴운동이었던 까닭에, 현실과 달리 비현실적인 세계와 비윤리적이고 비합리적인 성향을 띠었다. 이를 좀 더 부연하면 초현실주의의 특징인 에로티시즘에 이르러서는 다다이즘의 특징이 그대로 이어졌다고 할 수 있다.

　초현실주의 대표적인 화가로는 스페인의 살바도르 달리, 독일의 막스 에른스트, 벨기에의 르네 마그리트를 들 수 있다. 따라서 달리의 〈기억의 지속〉과 〈잠〉, 막스 에른스트의 〈셀레브의 코끼리〉, 르네 마그리트의 〈이것은 파이프가 아니다〉와 〈빛의 제국〉은 초현실주의의 대표작이라고 할 수 있다.

18 입체파 미술의 선구자

파블로 루이즈
피카소(1881~1973)
스페인 화가. 입체파
선구자

20세기 세계 최고의 화가로 평가 받는 피카소. 그는 미술교사인 아버지를 닮아 그림 그리기를 무척 좋아했다. 그의 나이 14살 때 바르셀로나 미술학교에 들어가 본격적인 미술을 공부하였다. 피카소는 그 당시 바르셀로나에 들어와 있던 프랑스와 북유럽의 미술화풍에 많은 자극을 받았는데, 특히 르누아르와 툴루즈 로트레크, 뭉크 등의 화법에 매료되어 그것을 습득하는 데 온 열정을 다 기울일 정도였다.

그는 미술을 보다 더 깊이 체계적으로 배우기 위해 마드리드 왕립미술학교에 들어가 공부를 했다. 그리고 바르셀로나에서 첫 개인전을 열었으며, 1900년에 처음으로 예술의 중심인 프랑스 파리로 갔다. 파리의 방문은 그에게 미술에 대한 열정을 더 한층 증폭시켰다. 피카소는 고갱과 고흐의 영향도 많이 받았는데, 청색이 주조를 이루는 이른바 '청색시대' 로 들어가 그림 작업에 몰두하였다. 청색 색조에서 도색 색조로 작품성향을 바꾸면서, 중세 조각이나 화가 고야가 지니는 단순화와 엄격성에 몰두하게 되었다.

1905년 아폴리네르와 교류하고, 1906년에는 정물화의 대가 마티스와 교류를 가지면서 공부를 하였다. 하지만 그의 그림은 세잔의 화풍을 따라 점점 단순화되었고, 1907년 그의 최고 작품으로 평가받는 〈아비뇽의 처녀들〉에 이르러서는 아프리카 혹인 조각의 영향을 많이 나타내고, 어떤 형태에 대한 분석이 구체화되기 시작했다.

브라크를 만나 본격적인 입체파 운동을 벌이며, 1909년에는 '분석적 입체파'를 그리고 1912년에는 '종합적 입체파'시대에 들어갔다. 그러는 동안 피카소는 이미 20세기 회화의 최고 거장이 되었다. 피카소는 입체파 미술의 선구자로 20세기의 최고의 화가로 평가받는다.

표현주의 거장

빈센트 반 고흐(1853~1890)
네덜란드 화가. 표현주의 거장

고흐는 네덜란드에서 태어난 렘브란트 이후 가장 위대한 화가로 평가 받는다. 그러나 고흐는 순탄한 화가의 길을 걸었던 것은 아니다. 그는 17살에 암스테르담대학 신학부를 다니다 나온 이후, 숙부가 경영하는 프랑스 파리에 있는 화상의 점원이 되었다.

하지만 천성이 숫기가 없는 그는 화상에서 해고를 당하고 말았다. 그후 고흐는 어학교사가 되어 5년 동안 일했다. 어학교사를 그만 둔 그는 서점점원으로 취직을 하였다. 그리고 얼마 후 서점 일을 그만둔 고흐는 신학 연구생으로 전전하며 시간을 보냈다.

1878년 복음을 전파하기 위해 보리나즈 탄광지에 부임하여, 열성적으로 복음을 전도하며 장티푸스 환자 간호에 열성을 보이다 건강을 해친 그는, 어쩔 수 없이 고향으로 돌아갔다. 그리고 그곳에 있는 동안 그림 그리기에 정진할 것을 다짐하고, 1880년 헤이그로 갔다. 헤이그로 간 고흐는 그곳 화상에서 일하는 동생 테오의 보조를 받아가면서 창작활동을 했다. 그는 그림을 그릴 때가 가장 평안했고 또 가장 행복했다. 그러다 동생 테오의 권유로 가족이 있는 느에빈 촌으로 귀향하여 가난한 농민들을 그렸다.

그곳에서 그림작업에 몰두하던 그는 파리로 갔다. 고흐는 인상파의 영향을 받았지만, 차츰 독자적인 화풍을 전개하기 시작했다. 그리고 그의 인생에 대변환을 일으킨 고갱을 만나게 되었다. 그리고 1888년부터 1890년까지 남부 프랑스 자연을 동경하여 아를로 이주하고, 친구인 고갱을 초청하여 공동생활을 하며 그림을 그렸다. 그의 대표 작품으로는

〈감자 먹는 사람들〉〈자화상〉〈알프스 풍경〉〈해바라기〉 등 많은 작품들이 있다. 고흐는 살아생전 외롭고 고독한 그림작업을 했지만, 지금 그의 그림은 세계 화랑에서 최고의 가치로 평가 받고 있다.

20 색채의 마술사

마르스 샤갈(1887~1986)
러시아 출생의 프랑스 화가.
표현주의 화가이자 색체의 거장

색채 마술사로 불리며 표현주의를 대표하는 에콜드파리 최대의 화가인 샤갈. 그는 1907년 페테르부르크에 가서 미술학교에 다닌 후, 1910년 파리로 가 모딜리아니와 레제 등을 배출한 아틀리에 '라 뤼슈'에서 그림공부를 하며 큐비즘 기법을 익혔다. 이후 1911년 앙데팡당 전시회에 첫 출품하여 괴기하고 환상적인 화풍으로 전위파 화가와 시인들을 놀라게 했다.

샤갈은 1911년 베를린에서 첫 개인전을 열어 성공한 후 화가의 길을 넓혀 나갔다. 그리고 1917년 러시아 혁명이 일어난 후엔 미술단체 요직을 맡고, 고향에 미술학교를 열었으며, 1919년에는 모스크바 국립유대극장의 벽화장식을 담당하였으나, 사회주의 리얼리즘과 맞지 않아 1922년에 베를린으로 갔다. 그리고 1년 후 파리로 돌아왔다. 샤갈은 이때부터 판화를 제작하고 에콜 드 파리의 유력한 작가로 주목받았다. 또 나아가 환상적인 작품으로 초현실주의 미술에 큰 영향을 끼쳤다.

그는 1948년 베네치아 비엔날레에서 판화상을 받았으며 유화, 판화, 벽화는 물론 무대장식 분야에 이르기까지 폭넓은 활동을 하였다. 샤갈이 개성 넘치는 뛰어난 작품을 남긴 대화가가 될 수 있었던 것은, 창의적인 마인드가 출중했기 때문이다. 그의 창의적 마인드는 그만의 독창적인 화법을 만들어내게 했다. 그의 대표 작품으로 〈손가락이 7개인 자화상〉 〈바이올린 연주자〉 〈기도하는 유대인〉 〈에펠탑 앞의 신랑과 신부〉 〈서커스〉 등이 있다.

21 미켈란젤로

미켈란젤로
부오나로티(1475~1564)
이탈리아 화가, 조각가, 건축가.
대표 작품 : <피에타> <다비드>
<최후의 심판>

르네상스 시대의 대표적인 화가이자 조각가, 건축가인 미켈란젤로. 그는 다방면에서 뛰어난 인재였다. 한 사람이 한 분야에서 재능을 발휘하는 것도 쉽지 않은데, 여러 분야에서 최고로 인정받는다는 것은 천부적인 재능으로 밖에는 설명되지 않는다.

하지만 그의 소년 시절은 순탄치 못했다. 미켈란젤로가 피렌체에서 공부하던 때 마을 행정관이었던 그의 아버지는 그를 예술가로 키우는 걸 탐탁하게 여기질 않았다. 그 당시에는 유럽의 예술가들의 처우가 좋은 편이 아니었다. 그런 까닭에 그의 아버지는 미켈란젤로가 공부로 할 수 있는 직업을 갖길 원했다.

미켈란젤로가 예술가가 되고 싶다고 말했을 때 그의 아버지는 매우 화를 냈다. 그러나 미켈란젤로는 포기하지 않았다. 그러자 그의 아버지는 포기하고 그가 하도록 내버려두었다. 이후 그는 예술혼을 불살라 자신이 원하는 작품을 창작하는 데 열정을 다 바쳤다.

미켈란젤로는 예술정신이 투철할 뿐만 아니라 열정이 뜨거운 예술가였다. 그는 오직 예술정신에 입각하여 활발히 작품활동을 전개했다. 예술가로서 명성은 높았지만 그의 삶은 어려웠다. 그는 열심히 가난과 싸운 끝에 〈피에타〉〈다비드〉, 불후의 명작이라 불리는 〈최후의 심판〉을 그렸으며, 성 베드로 대성당을 건축하였다.

미켈란젤로가 불후의 명작들을 남길 수 있었던 것은 작품에 대한 열정 덕분이었다. 그는 신약과 구약성서와 많은 고전을 탐독하며 상식을 쌓았는데, 풍부한 상식은 상상력의 기초가 되었고 공감대를 형성하는 작품을 남기는 데 일조했다. 지금도 그의 예술혼은 살아서 빛을 반짝이며 많은 이들에게 감동을 주고 있다.

22 레오나르도 다 빈치

이탈리아 화가, 조각가,
발명가, 건축가, 해부학자,
지리학자, 천문학자. 대표 작품 :
<모나리자> <최후의 만찬>

르네상스 시대의 대표적인 화가 레오나르도 다빈치. 그는 화가 외에도 조각가, 발명가, 건축가, 과학자, 음악가, 작가, 해부학자, 지질학자, 식물학자, 지리학자, 요리사, 수학자 등 다방면에서 완벽에 가깝게 활약한 멀티 플레이어였다.

한 마디로 말해 레오나르도 다빈치는 다재다능함과 창의성을 지닌 천재 가운데 천재였다. 하지만 그의 어린 시절은 녹록치 않았다. 아버지 피에로 다빈치는 법률가들을 다수 배출한 지주 가문 출신으로 직업은 공증인이었고, 어머니 카타리나는 가난한 집안의 딸로 결혼을 하지 못해 조부모와 다빈치의 숙부의 손에서 자랐다.

어른으로 성장한 레오나르도 다빈치는 다재다능한 자신의 재능을 맘껏 펼치며 자신의 능력을 보여줌으로써 많은 사람들을 놀라게 했다. 그의 여러 작품 가운데 오늘날 가장 널리 알려진 대표적인 작품은 <모나리자>이다. 또한 <최후의 만찬> 역시 그의 대표작으로 세기의 명작 가운데 명작으로 평가받는다. 그는 자신의 그림에 새로운 시도를 하는 것을 두려워하지 않았다. 당시 이탈리아 최초로 기름을 사용한 유화를 시도한 화가들 가운데 하나였다.

이는 새로운 화법의 실험이라는 면에서 높게 평가할 만하다. 그랬기에 <모나리자>를 그릴 때 공기원근법을 처음으로 시도하는 등 좋은 결과를 낼 수 있었다. 더욱이 놀라운 것은 역사상 가장 창의적인 융합형 인재로 평가된 것이다. 그 이유는 그는 조각가, 발명가, 건축가, 해부학자, 지리학자, 천문학자로서 예술을 과하나로 융합하려는 창의적인 노

력을 끊임 없이 시도했기 때문이다. 레오나르도 다빈치는 평생을 독신
으로 살면서도 자신이 천재성을 유감 없이 발휘함으로써 세계 미술사
에서 가장 뛰어난 화가로 평가받는다.

클로드 모네

클로드 모네(1840~1926)
프랑스 인상주의 화가, 인상파
창시자. 대표 작품 : <루앙
대성당> <수련>

클로드 모네는 1840년 프랑스 파리에서 태어났다. 어린 시절 르아브르에서 보낸 경험은 그가 훗날 작품을 창작하는 데 있어서 커다란 영향을 미쳤다. 그는 이곳에서 변화무쌍한 날씨가 자연의 모습에 미치는 영향을 마음 깊이 새길 수 있었다. 그는 르아브르에서 부댕의 문하생이 되어 정식 미술교육을 받았다.

그후 1859년 파리로 가 샤를 글레르의 작업실에서 피사로, 시슬레, 르누아르, 바지유 등과 사귀며 마네의 밝은 화풍에 끌려 밝은 야외 광선 묘사에 주력했다.

그에게 빛이 보여주는 상은 매순간 변화하여 생성되는 과정이었으며 이를 포착하려는 탐구가 새로운 기법을 낳은 것이다. 기존의 미술양식으로는 이 변화와 생명력을 전달하는 것이 극히 어렵다는 사실을 깨달은 모네는 새로운 기법을 시도하였다. 빛의 변화를 포착하려는 붓은 속도를 내야 했고, 그 결과 그림에는 짧게 끊어지는 자유분방한 터치로 뒤덮였다.

모네는 1874년 동료 화가들과 함께 제1회 인상파 전시회를 열었다. 그러나 출품된 작품이 물체가 지닌 본래의 색깔을 쓰지 않고 밝은 색채로만 그려진 데 대해 비난이 쏟아졌다. 특히 모네의 <인상, 해돋이>는 가장 심한 비난을 받았는데 '인상파'라는 말은 이때 모네의 작품을 비판한 데서 나온 말이다.

그런 까닭에 전통적 의미의 선원근법, 구도, 채색, 드로잉 등의 회화 기법은 무의미해졌다. 이를 통해 모네는 회화에서 자유의 영역을 넓혔을 뿐 아니라, 다른 예술가와 대중들에게 대상을 바라보는 새로운 눈을 일깨워주었다. 그 결과 모네는 〈건초더미〉〈포플러〉〈수련〉 같은 연작 시리즈에서 자신만의 새로운 기법을 한껏 드러냄으로써 인상주의 창시자라는 평가를 받으며 세계 미술사에 큰 족적을 남겼다.

24 앙리 마티스

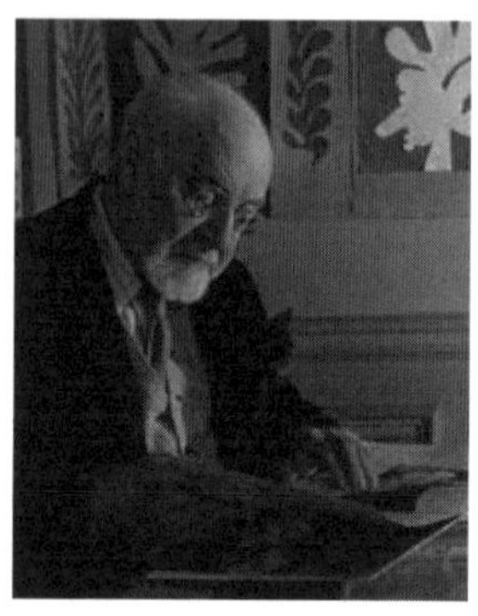

앙리 마티스(1869~1954)
프랑스 야수파 화가. 대표
작품 : <모자를 쓴 여인>
<이카루스> <춤>

앙리 마티스는 프랑스 북부의 르샤토캄프레시스에서 출생하여 법률을 공부했지만, 미술학교 시험을 준비하면서 아카데미 쥘리앙에서 부그로의 지도를 받았다. 하지만 가르침이 성에 차지 않아 루브르 미술관에서 모사模寫 등을 하면서 보내던 중 귀스타브 모로의 눈에 띄어 그의 가르침을 받았다.

그후 세잔의 미술기법을 도입하여 구성적인 형태와 어두운 색조를 썼으나 1904년 피카소, 드랭, 블라맹크 함께 생트로페에 머무는 동안 신인상파풍을 자연스럽게 받아들였다. 나아가 이는 야수파 운동의 강렬한 색채를 띠게 되는 계기가 되었다.

피카소, 드랭, 블라맹크 등과 함께 시작한 이 운동은 20세기 회화의 일대 혁명이며, 원색의 대담한 채색을 강조하며 강렬한 표현을 시도하였다. 1908년경에는 강한 색채효과를 억제하는 한편, 새로이 전개된 피카소를 중심으로 한 입체파에 눈을 잠시 돌리기도 했다.

제1차 세계대전 후에는 주로 니스에 머무르면서 모로코, 타히티 섬을 여행하며 그림을 그렸다. 색도 형체도 단순화되었으며 밝고 순수한 빛의 빛남과 맑고 순수하고 명쾌한 선에 의하여 구성된 평면적인 화면은 경이로운 화풍이라는 평가를 받았다. 그리고 1951년에 완성한 방스 로사리오 예배당의 장식은 세계 화단의 새로운 기념물로 평가받는다.

마티스는 조각, 동판화에도 뛰어났으며 직물의 디자인, 삽화 등 새로운 분야에도 자기만의 특징을 보여주었다. 이러한 마티스에 대해 피카소는 "앙리 마티스의 배 속에는 태양이 들어 있다."라고 말하며 그만의

개성적이고 특출난 색채감각을 인정했다. 이는 앙리 마티스가 색채의
마술사로 불리는 결정적인 이유라는 데 이의가 없다.

25 렘브란트

렘브란트 하르먼손 판
레인(606~1669)
바로크 시대 네덜란드 화가.
대표 작품 : 〈자화상〉〈마리아의
죽음〉〈성 가족〉

렘브란트는 라틴어를 가르치는 학교를 마치고, 14살에 레이던대학교에 입학하였다. 하지만 렘브란트가 그림 그리는 일에만 열중하자, 그의 부모는 화가 야코프 판 스바넨뷔르흐에게 미술수업을 받게 하였다. 이후 개인화실을 열고, 암스테르담에서 활동하던 피터르 라스트만을 정기적으로 방문해 지도를 받으면서 미술에 관한 시야를 넓혔으며, 이를 계기로 1632년 거처를 암스테르담으로 옮겼다.

이때 외과의사 조합의 주문으로 〈니콜라스 튈프 박사의 해부학 강의〉를 제작하여 초상화가로서 명성을 떨쳤다. 그는 해외에서 활동을 하지는 않았다. 초상화 화가로서 젊은 나이에 성공을 거뒀다. 그러나 말년은 개인적인 비극과 재정적인 어려움으로 인해 극심한 고통을 받았다. 그럼에도 그의 그림은 많은 사람들에게 인기가 있었으며, 화가로서의 그의 명성은 여전히 높았다. 그런 까닭에 그는 20년 동안 네덜란드의 많은 화가들을 가르칠 수 있었다.

렘브란트는 네덜란드 최고의 화가로, 그의 굳은 신념은 두터운 신앙심에서 우러났기에 종교화에 많은 걸작을 남겼다. 그의 그림 소재는 성서와 신화, 역사, 풍속, 위인 등 각 방면에 있어 매우 광범위하다. 그 또한 작품 속 대상에 대해 사실적 수법을 사용함으로써 네덜란드 화가들과 다를 바가 없으나, 빛의 효과에 있어서는 색채 및 명암의 대조를 강조함으로써 의도하는 회화적 효과를 거두었다.

그로인해 그는 '근대적 명암의 시조'란 이름을 얻었다. 그가 남긴 작품수는 유화, 수채화, 동판화, 데생 등을 포함해 2천여 점이나 된다. 이

렇듯 렘브란트의 초상화, 자화상, 성경 장면의 삽화는 그의 가장 위대
한 창조적 업적으로서, 그를 세계 미술사에서 최대의 화가로 평가받게
한다.

26 칸딘스키

바실리 칸딘스키(1866~1944) 러시아 화가이자 판화제작자, 예술이론가. 대표 작품 : <국성 8> <구성 9> <인상 3>

바실리 칸딘스키는 러시아 모스크바에서 태어나 모스크바대학에서 법학과 경제학을 공부한 후 대학교수가 되었다. 1896년 그의 나이 서른이 되던 해 뮌헨으로 가서 사립학교와 미술아카데미에서 공부하였다. 1918년에 모스크바로 돌아왔으나, 모스크바의 예술이론에 공감하지 못해 모스크바 미술아카데미의 교수직을 사직하고 1921년에 다시 독일로 돌아왔다.

그는 1922년에서 1933년까지 예술과 건축을 위한 학교인 바우하우스에서 학생들을 가르쳤다. 당시 바우하우스에 있어서 그는 매우 가치성을 지닌 존재였다. 그만큼 교수라는 그의 직위는 큰 비중을 차지했다. 바우하우스에서 배운 조각가 막스 빌은 "칸딘스키는 청년들의 의혹을 해소시켜주는 것이 아니라 그들에게 확실한 판단력을 길러줌으로써 끊임 없는 비판과 자기비판을 환기시킨 인물이었다."라고 말했다.

칸딘스키의 작풍을 보면 1910년부터 1920년까지는 색채와 형태의 격렬한 다이너미즘_{자연계의 근원은 힘이며, 힘이 모든 것의 원리라는 설}이, 1920년부터 1924년까지는 명확한 형식에 의한 구성이 뚜렷해졌다. 이후 이러한 경향이 더욱 순화되어 원圓의 시대로 들어간다. 칸딘스키는 이집트, 그리스, 터키로 여행하며 동양의 풍물에 큰 감명을 받았다.

그는 원의 시대의 기하학적인 추상을 벗어나 형식과 색채에 의한 서정적인 환상이 넘치는 음악적인 조화로움을 구축하였다. 다시 말해 칸딘스키는 음악은 그림이 될 수 있고, 그림도 음악이 될 수 있다고 믿었다. 다시 말해 그림들은 대상에 연연하지 않는 추상화로 바뀌게 된다고 생각한 것이다. 이런 그의 생각은 〈구성 8〉〈인상 3〉 등 그의 그림 전반에 잘 나타나 있으며, 그는 피카소, 마티스에 버금가는 화가로 평가받는다.

27 이브 탕기

이브 탕기(1900~1955)
프랑스 초현실주의 화가. 대표
작품 : <보이지 않는 존재>
<시간의 신기루>

이브 탕기는 1900년 프랑스 파리에서 태어났다. 아버지를 일찍 여의고 불우한 어린 시절을 보낸 그는 독학으로 데생과 그림 그리는 법을 공부했다. 그림에 매력을 느낀 그는 조르조 데 키리코의 작품 <아이의 뇌>를 본 후 영감을 얻고는 화가가 되어야겠다고 결심했다.

1924년 이브 탕기는 앙드레 브르통이 이끄는 초현실주의 모임에 들어갔다. 정식으로 미술공부를 한 적이 없는 그였지만, 독학으로 익힌 자신만의 독창적인 표현 방식으로 1927년 파리에 있는 초현실주의 화랑에서 최초로 개인전을 열었다. 그는 전시를 통해 그만의 개성을 지닌 초현실주의의 유력한 화가로 주목받았다.

이브 탕기의 그림 특징은 무의식에 따른 초현실주의의 예술의 구현이라고 할 수 있다. 이를 좀 더 구체적으로 말한다면, 그의 작품은 세심한 터치로 묘사된 생물형태가 있는 풍경으로 무의식의 영역의 표현이라고 할 수 있다. 다시 말해 몽환적인 분위기의 황량하고 쓸쓸한 공간에서 바라보는 듯한 신비로운 세계라고 할까.

그랬다. 이런 그의 그림의 특징은 1930년과 1931년 두 차례에 걸쳐 아프리카를 여행 한 후에는 생명의 유적만이 남아 있는 드넓은 황야와 실제와는 전혀 다른 마치 있지 않을 것 같은 새로운 유형의 풍경화를 보여주었다.

1939년 이브 탕기는 미국으로 갔다. 미국에서 체류하면서 1948년 미국 시민권을 취득했다. 미국에서의 작품활동은 이전 보다 다른 특징을 띠게 된다. 그림의 크기가 더 커지고 어두운 색조가 주조를 이루고

"

그림에 등장하는 사물들은 금속적인 경향을 띠었는데, 이는 전쟁으로 폐허가 된 후기 산업문명과 군국주의적 이미지에 대한 표현인 것이다. 이브 탕기는 초현실주의 새로운 전기를 이루며 미국 전위 미술계에 큰 영향을 끼쳤다.

28 박수근

박수근(1914~1965) 대한민국 화가

박수근은 강원도 양구에서 출생하였다. 양구공립보통학교에 다닐 때 미술에 재능이 있었지만 가정형편이 어려워 보통학교를 졸업한 후 독학으로 미술을 공부했다. 그의 나이 18살 되던 해인 1932년 봄날의 풍경을 그린 수채화〈봄이 오다〉를 출품하여 제11회 조선미술전람회에 입선하여 화가로 데뷔하였다.

하지만 1933년부터는 연이어 세 차례 낙선하였다. 그후 혹독한 시련을 겪으면서도 그림 그리기에 정진하여 마침내 1936년 제15회 조선미술전람회에서 수채화 〈일하는 여인〉으로 두 번째 입선했다.

1940년 결혼을 한 박수근은 평안남도 도청 서기로 취직이 되어 평양으로 갔다. 그는 평양의 화가들과 어울려 스케치를 하고, 일본 유학파로 활동하던 최영림, 황유엽 등과 함께 동인회를 결성하여 1944년까지 매년 동인전을 열며 창작의 끈을 이어갔다. 이듬해인 1941년 박수근은 제20회 조선미술전람회에 〈맷돌질하는 여인〉을 출품하여 입선하였다.

1945년 우리나라가 일본에서 광복한 후 박수근은 지금의 철원군 김화읍의 금성중학교 미술교사로 새로운 생활을 시작했다. 그는 한국전쟁이 일어나자 미군 PX에서 미군들의 초상화를 그려주며 생계를 이어갔다. 그후 1952년 제2회 국전에서 특선을 하고, 1955년에는 대한미협전에서 국회문교위원장상을 수상하였다. 1958년 이후 미국의 월드하우스 화랑을 비롯해 조선일보사 초대전, 마닐라 국제전 등 국내외 다수의 미술전에서 활발하게 활동하였다. 그리고 1959년 제8회 국전에서는 추천 작가를, 1962년에는 제11회 국전심사위원이 되었다.

  박수근 그림의 매력과 화풍의 특징은 주로 회백색을 쓰고, 거칠고 투박한 질감으로 한국적인 주제를 서민들을 소재로 한 단조롭고 소박한 인물과 풍경을 들 수 있다. 대표작으로는 〈빨래터〉〈농악〉〈아기 업은 소녀〉〈고목과 여인〉〈나무〉 등이 있다.

29 김환기

김환기(1913~1974)
대한민국 서양화가

김환기는 전라남도 신안군에서 출생하였다. 그는 19살 때인 1931년 일본 도쿄 긴조중학교에 입학해, 1년만에 중학교를 졸업하고 고향으로 돌아왔다. 이듬해인 1932년 다시 도쿄로 가 니혼대학 예술과 미술부에 입학해, 전위를 표방하는 미술단체 '아방가르드 양화연구소'에 가입 후, 후지타 츠구지의 주도하에 길진섭, 김병기와 함께 활동하였다.

그는 도쿄의 화랑에서 단체전 4회, 개인전 1회를 연 후 1937년 귀국하였다. 이후 1946년부터 1949년까지 서울대학교 미술대학 교수를 역임한 후 여러 차례 국전심사위원으로 활약하였다. 1956년엔 프랑스 파리 엠베지트 화랑에서 개인전을 연 후, 1957년 파리, 니스, 브뤼셀 등에서 개인전을 열었다. 그리고 1959년 귀국하여 홍익대 교수, 초대 예술원회원, 한국미술협회 이사장을 역임하였다.

1963년 제7회 상파울로 비엔날레 한국 대표로 참가하여 명예상을 수상했다. 비엔날레 참석을 계기로 뉴욕으로 간 그는 록펠러 3세가 설립한 아시아소사이어티의 재정적 후원을 받으며 뉴욕에 정착하였다. 여기서 김환기의 대표작인 〈전면점화〉가 탄생하였다. 그는 1970년 한국일보사 주최 '제1회 한국미술대상전'에 〈어디서 무엇이 되어 다시 만나랴〉를 출품해 대상을 받았다.

김환기는 한국 근현대 미술사를 대표하는 화가로 서구 모더니즘을 한국적으로 재탄생시켰다는 평가를 받는다. 그는 초창기 추상미술의 선구자였으며, 프랑스와 미국에서 활동하며 한국 미술의 국제화를 이끌었다. 또한 그는 추상 계열에서 탈피해 구상具象을 추구하면서도 자율적인 표현을 시도했다. 다시 말해 아방가르드적 화가답게 사실적인 표현보다는 면, 선, 형태, 색체, 리듬 등으로 대상을 조형적으로 새롭게 표현함으로써 한국의 서양화가로서 작품의 품격을 드높였다. 대표 작품으로 〈론도〉〈산〉〈산월〉〈야상곡〉〈어디서 무엇이 되어 다시 만나랴〉 등이 있다.

30 이중섭

이중섭(1916~1956) 대한민국 서양화가

이중섭은 어린 시절부터 그림에 뛰어난 재능을 보였는데, 특히 소를 그리는 것을 좋아했다. 1930년 평안북도 정주의 오산고등보통학교로 진학한 후 미술교사 임용련에게 미술지도를 받았다. 그는 미국 예일대학교에서 미술을 전공한 유학파로, 조선인은 조선화풍으로 그려야 한다는 말에 이중섭은 큰 감명을 받았다. 이중섭은 1932년 제3회 '전조선남녀학생작품전람회' 중등부에 입선하였다. 그후 4회와 6회에 연이어 입선하였다.

1936년 오산고등보통학교를 졸업한 그는 일본제국미술학교 서양화과에 진학했지만, 이듬해 중퇴하고 문화학원에 입학하였다. 자유롭고 독창적이며 감성적인 인간을 키워낸다는 취지 아래 설립되었기 때문이다. 1941년 문화학원을 졸업한 그는 이쾌대와 함께 '조선신미술가협회'를 창립한 후, 도쿄와 경성에서 창립전을 열고 〈연못이 있는 풍경〉을 출품하였다. 그해 4월 '제5회 미술창작가협회전'에 입선하였다.

1945년 그는 일본인 마사코와 결혼한 후, 한국전쟁이 일어나자 가족과 함께 월남하였다. 그러나 빈손으로 월남해 당장 생활에 곤란을 겪어야 했다. 이중섭은 1951년 제주도 서귀포로 가 단칸방을 얻어 네 식구가 살았다. 가난했지만 이 시기가 그에겐 가장 행복한 때였다. 그러나 그 행복도 오래지 않아 가족과 이별로 끝나고 말았다. 가족을 일본으로 떠나보낸 이중섭은 다시 만날 날을 그리며, 오직 그림 그리기에 열중하였다.

그는 담배 종이에 철필로 그림을 그리기도 하고 그림을 그릴 수 있

"

는 거라면 어디에라도 그렸지만, 평생 가족을 그리다 숨을 거뒀다. 그의 작품에는 소, 닭, 어린이, 가족이 가장 많이 등장한다. 이는 향토적 요소와 동화적이고 자전적인 요소가 담긴 그만의 특성이라 할 수 있다. 대표 작품으로 〈흰소〉〈싸우는 소〉〈소와 어린이〉〈황소〉 등이 있다.

CHAPTER
3

건전한 정신 건강한 육체 세계

— 스포츠 —

근대 올림픽

첫 근대 올림픽 '제1회 아테네 올림픽 개막식'(1896)

근대 올림픽은 프랑스 쿠베르탱 남작에 의해 창설되었다. 그는 고대 그리스의 올림픽에 깊은 관심을 갖고 있었으며, 스포츠를 통한 청소년 교육에도 깊은 관심을 기울였다. 나아가 올림픽이라는 스포츠 대회를 통해 세계 청소년을 한자리에 모아 우정을 나누게 함으로써 세계 평화에 크게 기여할 수 있다는 신념을 갖게 되었다. 이후 쿠베르탱은 1892년 프랑스 스포츠연맹창설 3주년 기념회의에서 올림픽의 부활을 제창하였다.

1894년 IOC를 조직하고 1896년 제1회 아테네 올림픽을 개최하였다. 제1회 아테네 올림픽 참여 국가는 13개국에 참가인원은 311명 그리고 종목은 10개였다. 우승 국가는 미국으로, 미국은 다승국가 1위로 총 33회 대회 가운데 19회를 우승하였다. 1916년, 1940년, 1944년은 제1차 세계대전과 제2차 세계대전으로 올림픽이 열리지 못했다.

우리나라는 1947년에 IOC에 가입하였다. 1936년 베를린 올림픽에서는 올림픽의 꽃이라 불리는 마라톤에서 손기정이 세계 신기록으로 우승하고, 남승룡이 3위를 차지하여 한국을 전 세계에 널리 알렸다. 그러나 안타깝게도 일제강점기 하에서 일본 국적으로 승리한 것으로 기록되어 아쉬움이 크다. 대한민국이 태극기를 앞세우고 최초로 참가한 것은 1948년 런던 올림픽이다. 그리고 그후로부터 빠짐없이 2024년 제33회 파리 올림픽까지 참가하였다.

대한민국은 1976년 제21회 몬트리올 올림픽에서 올림픽 참가 사상 처음으로 양정모가 레슬링에서 금메달을 획득하였으며 이후 대회마다 금메달을 획득하였다. 우리나라는 1988년 제24회 올림픽을 서울에서 처음으로 개최하였으며 금메달 12개, 은메달 10개, 동메달 11개로 160개국 가운데 종합순위 4위를 차지하는 성과를 거두었다. 그후 우리나라는 열리는 올림픽마다 메달을 획득하며 올림픽 강국으로 부상하였다.

02 마라톤

손기정(1912~2002) 대한민국 체육인

마라톤은 42.195km 거리를 달리는 육상경기이다. 마라톤이 육상경기 종목으로 채택된 데에는 다음과 같은 유래가 있다. 마라톤은 그리스의 아테네에서 북동쪽으로 30km 떨어져 있는 지역으로, 기원전 490년에 이 지역에서 아테네와 페르시아 사이에 전투가 있었다. 이 전투에서 승리한 아테네 군은 승전소식을 아테네 시민에게 알리기 위해 전령인 페이디피데스를 보냈는데, 그를 기리기 위해 1896년에 열린 제1회 아테네 올림픽에서 마라톤이 육상경기 종목으로 채택되었다.

1896년부터 1908년 그러니까 제3회 올림픽까지는 마라톤의 거리가 40. 235km이었다. 그런데 1908년 제4회 런던 올림픽부터 오늘에 이르기까지 마라톤의 거리는 42.195km로 공식화되었다. 당시 영국왕실에서는 마라톤의 출발과 결승 광경을 보기 위해 윈저 궁전에서 시작해 올림픽 스타디움에서 끝을 마치도록 해달라고 요청하였다고 한다.

올림픽에서 마라톤을 2번 제패한 선수에는 에티오피아의 아베베와 독일의 치에르핀스키가 있다. 특히 아베베는 로마 대회에서 맨발로 풀코스를 뛰어 맨발의 마라토너란 별칭이 붙여졌다. 대한민국의 마라톤은 일제강점기인 1936년 제11회 베를린 올림픽 때, 손기정 선수가 일장기를 단 채 마라톤에 출전하여 우승하였다. 그리고 1992년 8월 10일 황영조 선수가 제25회 바르셀로나 올림픽에서 우승하였다. 손기정 선수가 일장기를 달고 우승한 이래 실로 56년만에 대한민국 마라톤의 결실이었다.

현재 마라톤 최고 기록은 남자 세계 기록은 케냐의 켈빈 킵툼이

2023년 미국 시카고 마라톤 대회에서 세운 2시간 35초이다. 그리고 여자 세계 기록은 케냐의 루스 체픈게티가 2024년 미국 시카고 마라톤에서 세운 2시간 9분 56초이다.

03 월드컵

FIFA 창립(1904)

1904년 프랑스의 주도로 벨기에, 덴마크, 스위스, 네덜란드, 스웨덴, 스페인 등 총 7개국이 국제축구연맹 피파FIFA 를 창립했다. 본부는 스위스 취리히에 두고 초대 회장으로 프랑스의 로베르 게랑이 선출되었다. 피파는 창립 직후 세계선수권대회 개최에 열정적인 노력을 기울인 끝에, 1905년 게랑 회장은 파리에서 열린 총회를 통해 유럽 15개국을 참가시키기로 하고 제1회 세계선수권대회를 스위스에서 열기로 했다.

그러나 축구규칙이 제대로 정해지지 않았고, 교통수단을 비롯해 모든 것이 미흡했다. 그로인해 세계선수권대회는 무산되고 말았다. 그러자 축구 종주국인 영국이 피파에 가입하고 이어 스코틀랜드, 웨일즈, 아일랜드가 피파에 가입하자 피파는 탄력을 받기 시작했다. 피파 2대 회장으로 잉글랜드 출신의 다니엘 울펄이 선출되었다. 피파는 울펄 회장의 강력한 리더십 아래 유럽 각국의 규칙을 영국 기준으로 통일시키기 시작했다.

또한 1908년 런던 올림픽부터 축구를 정식종목으로 채택하는 한편, 국제올림픽위원회IOC 와의 협상을 통해 올림픽 축구대회가 피파의 주관 하에 진행되도록 합의를 이끌어냈다. 그러나 제1차 세계대전 발발과 울펄 회장의 사망으로 피파는 침체에 빠졌다. 하지만 이러한 위기 속에서 3대 회장으로 취임한 프랑스 출신의 줄 리메는 울펄의 뜻을 이어받아 월드컵 개최에 심혈을 기울였다.

수많은 우여곡절 끝에 제1회 월드컵은 1930년 우루과이에서 13개국이 예선전 없이 치러졌다. 이후에도 우여곡절이 많았으나 1954년 제5회 스위스 대회에 이르러 체계가 이루어졌다. 이후 2022년 제22회 카타르 월드컵이 열렸다. 월드컵 최다 우승국은 브라질로 5회이며, 독일과 이탈리아가 4회, 아르헨티나 3회, 프랑스와 우루과이 2회, 잉글랜드와 스페인이 1회이다. 대한민국은 2002년 한일 월드컵에서 4위를 하고, 11회 연속으로 월드컵에 진출하는 국가가 되었다.

04 서울 올림픽

서울 올림픽 개막식(1988)

제24회 서울 올림픽은 1988년 9월 17일부터 10월 2일까지 16일 동안 대한민국의 서울에서 개최된 올림픽이다. 특히 서울 올림픽은 운동을 통한 인류평화의 가치를 드높이기 위한 올림픽의 범주를 벗어나 냉전종식의 밑거름된 뜻 깊은 대화였다는 데 역대 그 어떤 올림픽보다도 의의가 깊고 크다.

서울 올림픽을 유치하는 데 있어 철저한 준비가 있었다. 1979년 9월 3일 국민체육진흥심의회에서 제24회 하계 올림픽의 서울 유치계획을 의결하고, 제24회 하계 올림픽의 서울 유치계획을 정식으로 발표하였다. 그후 1980년 12월 24일, 국제올림픽위원회IOC 는 대한민국의 서울과 일본 나고야를 1988년 하계 올림픽의 후보 도시로 공식 선정하였다. 그리고 이듬해인 1981년 9월 30일, 서독의 바덴바덴에서 열린 제84차 국제올림픽위원회 총회에서 79명의 IOC 위원이 참여한 투표가 진행되었다.

그 결과 서울이 52표, 나고야가 27표로 1988년 하계 올림픽의 개최지로 서울이 결정되었다. 이후 만반의 준비를 다함으로써 드디어 1988년 9월 17일부터 10월 2일까지 16일에 걸쳐 서울을 비롯한 한국의 주요 도시에서 개최되었다.

참가국은 159개국의 1만 3,304명의 선수단이 참가함으로써 올림픽 대회사상 최대 규모의 빛나는 올림픽이 되었다. 경기의 정식 종목은 23개로 축구, 카누, 탁구, 테니스, 펜싱. 하키, 핸드볼, 근대5종, 농구, 레슬링, 배구, 복싱, 사격, 사이클, 수영, 승마, 양궁, 역도, 요트, 유도, 육상, 조정, 체조 등이며, 시범 종목으로는 야구, 태권도 등 2종목이며, 시범 세부종목은 1개로 여자 유도이다.

전시 종목은 2개로 배드민턴과 볼링이며, 전시 세부 종목으로 장애인휠체어 경기가 치러졌다. 대한민국은 금메달 12개, 은메달 10개, 동메달 11개를 획득함으로써 지금까지 우리나라 올림픽사상 최고의 성적인 4위를 달성하였다.

05 축구

1930년대 축구 경기.

축구는 사람들이 가장 좋아하는 운동 경기이다. 특히, 월드컵은 그 열기가 매우 뜨겁다. 아주 오래전 우리나라 신라시대와 중국 BC 2~3을 비롯해 고대 그리스 BC 7~6 등 유럽 각 나라에는 공을 차고 노는 놀이가 있었다고 한다.

하지만 이는 어디까지나 흥미 있는 놀이였을 뿐이다. 현대 축구가 시작된 곳은 축구 종주국인 영국이다. 1863년 영국 잉글랜드 축구협회가 창립되면서 시작되었다. 국제축구평의회는 스코틀랜드 축구협회와 웨일스 축구협회, 아일랜드 축구협회가 참여한 가운데 맨체스터에서 1886년 설립됐다.

1930년에는 제1회 월드컵이 우루과이에서 열리는 등 월드컵은 비약적인 발전을 거듭한 끝에 오늘에 이르렀다. 영국, 독일, 프랑스, 이탈리아, 스페인, 포르투갈을 비롯한 유럽 각 나라는 마치 축구를 종교로 삼을 정도로 그 인기가 대단하다. 그런 까닭에 일찍이 프로축구가 활성화되었다.

유럽의 대표적인 프로축구 리그를 보면 영국의 프리미어 리그, 스페인의 라리가, 독일의 분데스리가, 이탈리아의 세리에A, 프랑스 리그1, 포르투갈의 프리메리아리가, 네덜란드 에레디비시가 있다. 남미의 대표적인 프로리그로는 아르헨티나 프리메라 디비시온, 브라질의 캄페오나투 브라질레이루 세리A, 파라과이 프리메라 디비시온이 있다. 그리고 우리나라를 비롯한 일본, 사우디아리비아 등 각 나라마다 프로리그가 활성화되어 가장 큰 인기 몰이를 하고 있다.

축구의 매력은 양팀 11명의 선수가 발과 머리를 이용해 정해진 규칙에 따라 실력을 펼치는, 그야말로 발기술과 머리기술의 진면목을 볼 수 있다는 데 있다. 전후반 각 45분씩 뛰는 경기지만 체력의 손실은 그 어느 종목보다도 많다. 그런데 그런 가운데서도 줄기차게 운동장을 누비는 선수들은 마치 살아 있는 전차와 같다. 그만큼 활기가 넘치는 경기가 축구 경기다.

06 배구

배구 경기

배구는 점프하며 내리 꽂는 강 스파이크와 그것을 받아내는 리시브가 마치 전광석화와 같아 보는 사람들의 눈을 즐겁게 한다. 또한 경기 템포가 아주 빠르다는 데 매력이 있다.

배구가 처음 만들어진 것은 1895년 미국 YMCA 체육 지도자인 윌리엄 G. 모건의 발상에 의해서다. 배구가 경기로 처음 시작된 것은 1896년 스프링필드에서였다. 당시에는 5인제로 점수는 21점이다.

그러다 1920년부터 6인제에 15점으로 규칙이 바뀌었고, 팀의 자리를 바꿈으로써 경기를 보는 사람들의 흥미를 북돋웠다. 미국과 러시아에서 배구협회가 설립되었으며, 1947년 국제배구연맹이 창설되었다. 그로부터 2년 후인 1949년에 체코슬로바키아의 프라하에서 제1회 남자 세계선수권대회가 열려 소련이 첫 우승을 하였다.

그리고 1952년 모스크바 대회부터 여자 세계선수권대회가 열렸는데, 소련이 첫 우승을 하였다. 1957년 국제올림픽위원회 IOC 는 총회를 열고 배구를 올림픽 정식 종목으로 채택하였다. 그로부터 7년 후인 1964년 도쿄 올림픽에서 처음으로 배구 경기가 열렸다. 이후 2022년 파리 올림픽까지 이어오고 있다. 남자 배구의 최다 우승국은 러시아로 4회이며, 여자 배구의 최다 우승국은 쿠바로 3회이다.

우리나라에 배구가 들어온 것은 1915년이며, 1945년에 조선배구협회가 발족되었다. 1955년 제1회 아시아 배구선수권대회에서 2위를 했으며, 1958년 제3회 아시아 배구선수권대회에서는 남녀 모두 은메달을 획득하였다. 1959년 국제배구연맹의 회원국이 되었으며, 1976년 몬트리올 올림픽에서 여자 배구가 동메달을 획득하였다. 2012 런던 올림픽과 2020년 도쿄 올림픽에서 여자 배구가 4위를 하였다. 배구는 규칙이 쉽고 경기 흐름이 빨라 흥미와 재미를 더하는 경기이다. 그런 까닭에 축구와 야구, 농구와 더불어 인기가 많은 구기 종목이다.

07 농구

1900년대 농구 경기

1891년 미국 매사추세츠 주에 있는 국제YMCA체육학교 교사인 제임스 네이스미스는 실내에서 즐길 수 있는 구기 종목을 고안했는데 그 스포츠가 바로 농구이다. 그때의 경기규칙을 보면 첫째, 공은 양손으로 사용할 수 있어야 하고 둘째, 공을 가지고 달릴 수 없으며 셋째, 경기 중엔 누구나 공을 가질 수 있고 양 팀은 같은 지역에서 활동할 수 있지만, 신체접촉은 할 수 없었다. 넷째, 공은 수평으로 해야 하고 다섯째, 공은 머리 위의 높이로 정했다. 이 다섯 가지 규칙을 기반으로 하여, 13가지 규칙 조항을 따로 만들어 한 팀의 선수는 9명으로 하였다.

만약 규칙을 위반하면 파울로 계산하여 상대팀이 연속 3회를 범하면 1골을 허용하는 것으로 하였다. 또 전후반 각 15분으로 하고, 중간에 5분 휴식하였다. 그때 사용한 공은 축구공이었다. 그리고 마침내 1891년 새로운 스포츠 종목으로 농구가 공식화되었다. 이후 1894년 오늘날과 같은 농구 규정이 정착되었으며, 1936년 제11회 베를린 올림픽부터 정식 경기 종목으로 채택되었다.

농구가 우리나라에 처음 소개된 것은 1907년 봄 황성기독교청년회 YMCA 초대 총무이자 미국인 선교사인 길레트에 의해서이다. 우리나라 올림픽 남자 농구 최고의 성적은 1988년 서울 올림픽 때 9위이며, 여자 농구는 1984년 로스앤젤레스 올림픽에서 은메달을 획득했다.

올림픽 역대 농구 최다 우승국은 남자 농구는 미국으로 16회이고, 여자 농구 역시 미국으로 9회이다. 현재 각 나라마다 프로농구가 활성화되었으며, 특히 미국의 프로농구인 NBA는 세계 최고로 인기 있는 농구 리그이다. NBA는 1949년 설립되었으며, 현재 30개의 프로팀을 2개의 콘퍼런스가 각각 3개씩, 총 6개의 디비전으로 나뉘어 매년 정규 시즌에서 홈앤드어웨이 방식으로 팀당 82게임을 치르고 있다.

08 야구

1900년대 야구 경기

야구는 어떻게 해서 생겨났을까? 예로부터 이에 대한 두 가지 설이 전해져 온다. 첫째, 13세기경 영국에서 시작된 크리켓이 발전하여 라운더스가 되었고, 이것이 다시 발전하여 야구가 되었다는 설이다. 크리켓이란 타자가 공을 쳐서 달리는 게임이고, 라운더스는 이를 더 발전시켜 주자와 수비수가 함께하는 게임이 되었던 것이다. 그리고 1775년 미국에 전해져 19세기 중엽 무렵 전국 각지로 보급 되어 현대 야구의 모습을 갖추게 되었다는 설이다. 둘째, 1839년 뉴욕주 쿠퍼즈타운에서 애브너 더블디 소장少將에 의해 창안됐다는 설이다.

야구는 9명으로 구성된 2개 팀이 교대로 공격과 수비를 하면서 경기를 진행한다. 공격 팀이 상대 투수가 던지는 공을 쳐서 안타를 만들고 1, 2, 3루 베이스를 거쳐 홈플레이트를 밟으면 1점을 얻는다. 진루를 하는 방법은 안타뿐만 아니라 베이스온볼스나 히트바이피치드볼 등이 있다.

또한 홈런을 치면 타자와 함께 베이스에 나가 있는 모든 주자들이 한꺼번에 홈플레이트를 밟아 득점을 올린다. 공격 방법에는 도루가 있다. 주자가 수비를 하는 팀의 허점을 이용해 다음 베이스로 진루하는 것을 말한다. 도루는 타격이나 베이스온볼스, 히트바이피치드볼, 수비 팀의 실책 등과 상관없이 자신의 힘으로 진루할 경우에만 인정된다.

야구가 미국에서 현대 야구로 발전함에 따라 미국에서 야구가 최고의 경기 종목으로 각광받고 있다. 미국 프로야구는 내셔널리그와 아메리칸리그라는 양대 리그가 있다. 야구가 우리나라에 들어온 것은 1905

년 미국인 질레트 선교사에 의해서다. 그는 황성기독교청년회 회원들에게 야구를 가르쳤는데, 그것이 시초였다. 그뒤 우리나라 야구는 꾸준히 발전해 오늘날의 프로야구로 발전한 것이다. 일본, 대만, 호주, 남미의 쿠바, 베네수엘라 등이 야구를 매우 좋아하고 인기 종목으로 각광받고 있다.

1904년 하계 올림픽에서 복싱 경기

복싱은 BC 500년 무렵 올림피아 제전에서 퓨질리즘이라 불리는 경기로 열렸다는 설이 전해져 온다. 근대 복싱은 18세기경 영국에서 시작되었다. 1718년 제임스 픽이라는 사람이 런던에 복싱아카데미를 열어 제자들을 가르쳤다고 한다.

그 당시 복싱은 글러브 없이 또 체급의 구분도 없이 경기를 했다. 그 후 1743년 제임스 픽의 제자인 잭 브로턴에 의해 복싱 경기 규칙과 선수들의 안전을 위해 글러브가 만들어졌다. 이후 1892년 글러브 착용이 의무화되었고, 1라운드 3분 후 휴식 1분의 규칙이 정해졌다. 그리고 선수가 다운되어 10초 내에 일어나지 못하면 패배하게 되는 규정도 장해졌다.

1904년 북싱은 새로운 전환을 맞게 되는데 제3회 미국 세인트루이스 올림픽부터 정식 종목으로 채택되었고, 1946년 AIBA 국제아마추어복싱협회 주관 아래 모든 아마추어 경기를 관리되었다. 그리고 미국의 주도로 1962년 WBA 세계복싱협회 가 설립되었고, 1963년 WBC 세계복싱평의회, 1983년 IBF 국제복싱연맹, 1990년 WBO 세계복싱기구 가 창립되었다.

세계복싱사엔 이름만 들어도 알 수 있는 뛰어난 선수들이 배출되었다. 세계복싱사상 가장 뛰어난 선수로 평가받는 무하마드 알리, 핵주먹이란 닉네임으로 유명한 마이크 타이슨 등이 대표적이다.

우리나라에는 1912년 복싱이 처음 소개되었으며, 1920년대 들어 복싱 경기가 자주 열렸다고 한다. 그리고 1932년 제10회 로스앤젤레스 올림픽부터는 국가대표 선수를 참가시켰다. 그후 1948년 한수안이 플라이급 동메달을, 1984년에는 신준섭이 미들급에서 금메달을 딴 후 1988년 서울 올림픽에서 김광선과 박시헌이 금메달을 땄다. 특히 우리나라는 프로복싱이 강세였는데 이를 말해주듯 1966년 김기수 선수가 WBA 주니어미들급 세계 챔피언이 된 이래 홍수환, 유명우, 장정구 등 40여 명이 세계 챔피언이 되었다.

10 양궁

1920년대 양궁 경기

양궁은 영국을 중심으로 발전했는데, 이미 영국은 16세기 이후부터 양궁대회를 개최했다는 기록이 있다. 그후 1900년 제2회 파리 올림픽부터 1920년 제7회 앤트워프 올림픽까지 정식 종목으로 채택되었다. 이후 한동안 경기가 열리지 않다가 1972년 제20회 뮌헨 올림픽 후 경기방식을 대폭 개정하여 지금에 이르고 있다. 우리나라에는 1959년 양궁이 처음 도입되었으며, 1980년대부터 세계 최강의 실력을 인정받고 있다.

양궁 경기는 남녀 개인전과 남녀 단체전으로 나뉜다. 개인전은 남자의 경우 30m, 50m, 70m, 90m의 거리에서 각 36발씩 합계 144발을 쏘아 예선전을 치른다. 여자의 경우는 30m, 50m, 60m, 70m이다. 그러나 올림픽에서는 남녀 모두 70m거리에서 36발씩 두 차례, 72발을 쏘아 본선 진출자를 가린다.

또한 토너먼트로 진행되는 본선에서는 세트제가 도입되어 세트마다 이기면 2점, 비기면 1점, 지면 0점으로 계산해 승부를 가른다. 64강전, 32강전, 16강전은 각 6발씩 3세트18발 로 하고, 8강전부터 결승전까지는 3발씩 5세트15발 로 경기를 치른다. 단체전은 팀별로 3명의 나서서 각 선수마다 2발씩 4번 활을 쏘되, 1엔드에 6발씩 4엔드까지 총 24발을 쏘아 승부를 가린다.

우리나라가 올림픽과 세계선수권대회에서 우승을 독점하자 FITA국제양궁연맹 은 우리나라를 극복하기 위해 때때로 양궁 규정을 바꾸었지만, 우리나라는 바뀌는 규정에 신속히 적응해 우승을 하였다. 우리나라는 올림픽 양궁 여자 단체전에서 10회 연속 우승을 달성하였으며, 올림픽

양궁사상 2024년 제33회 파리 올림픽을 기준으로 할 때 금메달 32개로 최다 금메달을 획득했으며, 은메달과 동메달을 합쳐 총 50개의 메달을 보유하고 있는 그야말로 전무후무한 기록을 보유한 국가가 되었다.

11 아이스하키

1875년 캐나다 몬트리얼 맥길대학 아이스하키 선수들

아이스하키는 6명으로 구성된 두 팀이 스틱으로 퍽을 쳐서 상대편 골대에 골을 많이 넣는 것으로 승패를 겨루는 빙상 경기로, 경기시간은 20분씩 3회이며 각 10분의 휴식이 주어진다.

아이스하키는 아일랜드의 국기인 헐링과 스코틀랜드의 국기인 신티와 비슷한 밴디라는 빙상 경기가 스코틀랜드와 아일랜드의 이주민들과 영국군인들에 의해 캐나다로 전해져 아이스하키로 발전하였다고 한다. 처음으로 아이스하키 경기가 열린 것은 1875년 캐나다 몬트리올 맥길대학의 학생들에 의한 경기였다. 그 후 1879년 R. 스미스와 W. 로버트슨이 규칙을 만들었으며 각 팀의 선수를 9명으로 제한하였다.

1885년 몬트리올에서 최초로 전국적인 하키 단체인 캐나다 아마추어하키협회가 설립되었고, 각 팀의 선수를 7명으로 제한하였다. 이후 선수들은 정강이 보호대를 골키퍼는 가슴 보호대를 착용했다. 또한 아이스하키 링크가 캐나다 동부 전역에 건설되었으며, 스틱도 생산되었다. 이처럼 근대 아이스하키는 캐나다를 중심으로 발전하였다. 그리고 1908년 5월 파리에서 국제아이스하키연맹이 결성되었다.

그후 1910년에는 유럽선수권대회를, 1920년에는 세계선수권대회를 창설함으로써 국제대회를 개최하였다. 그리고 벨기에의 안트베르펜에서 열린 제7회 올림픽에서 처음 정식 종목으로 채택되었다. 하지만 1924년 하계 올림픽과 분리되었으며, 분리 후 열린 제1회 프랑스 사모니 동계 올림픽 이후 정식 종목으로, 오늘에 이르렀다.

아이스하키가 인기가 있는 것은 속도감과 쾌감 및 율동적인 미를 갖췄기 때문이다. 그런 만큼 신체접촉이 크며 위험도 따른다. 역대 동계올림픽 남자 아이스하키에서 가장 많은 금메달 딴 나라는 아이스하키 종주국인 캐나다로 9개이며, 여자 아이스하키 또한 동계 올림픽에서 4연패를 하는 등 최강으로 군림하고 있다.

12 럭비

1863년 캔터베리 최초의 럭비 경기팀

럭비는 1823년 잉글랜드의 사립학교인 럭비 스쿨에서 풋볼 경기를 하던 중 학생 윌리엄 웹 엘리스가 공을 손으로 들고 달리기 시작한 것이 기원이 되었다.

이후 럭비 스쿨 풋볼은 1850년대와 1860년대에 영국 전역에서 인기 있는 경기가 되었다. 그후 1863년 런던 풋볼협의회에서 풋볼의 규칙에 대한 토론이 있었는데, 토론한 결과 손을 써도 좋은 럭비와 손의 사용을 금지하는 축구 등 두 종류의 풋볼로 나누어졌다.

그러다 1871년 런던에 럭비협회가 설립됨으로써 럭비 경기 규칙이 정해졌고, 그해에 최초로 잉글랜드와 스코틀랜드의 경기가 이루어졌으며, 케임브리지 대 옥스퍼드의 대항전도 시작되었다. 그 일이 있고 스코틀랜드, 아일랜드, 웨일즈에 유니언이 성립되었고, 뉴질랜드, 호주를 비롯한 프랑스, 캐나다, 미국 등에 럭비풋볼이 보급되었다. 경기 방법은 양 팀 캡틴의 토스에 의해서 킥오프나 사이드의 어느 하나를 택한 후, 킥오프에 의해서 경기가 시작된다.

그후 온 사이드의 경기자는 스크럼, 태클이 행해진 경우를 제외하고는 언제나 볼을 킥, 드리블해 갖고 달리며 또 볼을 가진 상대편을 태클하여, 볼을 손이나 팔로 스로포워드, 녹온하지 않으면 다른 경기자에게 노크나 패스할 수가 있다. 나아가 볼을 상대편의 인 골in goal에 가지고 들어가 트라이를 하든 아니면 여러 방법으로 골 하는 것으로 득점하고, 정해진 시간 내에 많은 득점을 올리는 팀이 이긴다.

1948년 프랑스 보르도에서 럭비 리그의 국제화를 위해 국제 럭비리

그 연맹을 창설되었으며, 1954년 프랑스에서 최초의 럭비 리그 월드컵을 개최했다. 그리고 1995년 IRB 국제럭비평의회에서 럭비 경기에 참가한 선수에 대해 보수나 대가를 지불하는 것에 대한 규제를 철폐하면서 럭비리그에 참여한 선수도 럭비 유니온클럽이나 경기에 참가할 수 있도록 했으며, 럭비 유니온 팀들 또한 프로로 전향轉向되었다.

13 레슬링

고대 그리스 레슬링 조각

레슬링은 두 선수가 맞붙어 상대방의 양어깨를 동시에 매트에 닿게 하거나 혹은 정해진 여러 기술에 따른 득점으로 승부를 가르는 경기이다.

레슬링의 기원을 보면 고대이집트 왕조 중기 BC 2131~BC 1786 에 시작되었다는 것과 인도에서는 BC 1500년 이전에 시작되었다는 기록이 있다. 또 중국, 메소포타미아 등 고대 국가에서도 레슬링 경기가 있었으며, 그후 고대 그리스에 계승되어 가장 대중적인 스포츠로 인기를 끌었다. 그리고 BC 776년부터 고대 올림픽의 주요 종목으로 채택되었다.

경기는 선수의 체중에 따라서 48kg 이하 급부터 100kg 이상 급까지 10체급으로 나뉜다. 레슬링만의 정해진 독특한 편성 방식과 벌점법에 의해 진행된다. 혹여 결승 리그에서 동일 득점, 동일한 조건의 승자가 2명 이상 생겼을 경우에는 먼저 그 경기대회를 통하여 폴승이 가장 많은 선수를 가려내고, 폴승마저 같다면 판정승 점수가 많은 선수를, 이것도 같다면 비긴 횟수 및 경고를 받은 횟수가 적은 선수를 가려낸다.

그런데도 동일한 조건이라면 무승부로 판정하게 된다. 개인전은 체중별로 토너먼트 방법 또는 배드마크 방법 레슬링경기에서 쓰이는 벌점법 이 이용된다. 단체전은 두 팀이 대항전으로 치러진다. 경기는 가벼운 체급부터 순차적으로 가지며, 승자가 많은 쪽이 승리팀이 된다. 경기시간은 10분이며 초심자급은 6분이다.

레슬링 종목으로는 남자는 그레코로만형과 자유형이 있다. 그레코로만형은 선 자세로 경기를 시작하며 팔만을 사용하여 상대편의 허리

윗부분만을 공격하는 종목이며, 자유형은 상대편의 전신을 공격 대상으로 삼는 경기 종목이다. 여자는 자유형만 있다. 쿠바의 미하인 로페스는 올림픽 역사상 처음으로 개인 단일 종목 5연패를 달성함으로써 레슬링 역사상 가장 위대한 선수로 평가받고 있다.

14 피겨스케이팅

피겨스케이팅

피겨스케이팅이란 스케이트를 타고 얼음판에서 여러 가지 동작을 하여 기술의 정확성과 예술성을 겨루는 스케이트 종목으로 싱글, 페어, 아이스댄싱의 세 종목이 있다. 연기는 정해진 도형을 그리는 규정 종목, 일곱 가지의 요소를 포함한 연기를 하는 쇼트, 자유로이 활주하는 자유 종목의 세 부분으로 나뉜다.

피겨스케이팅은 1864년 발레교사인 잭슨 헤인즈가 스케이트를 신고 왈츠를 춘 것이 기원이다. 헤인즈는 발레를 기반으로 하여 예술을 가미한 스포츠를 연구했는데, 이것이 현대 피겨스케이팅의 기초가 되었다.

1896년 러시아에서 제1회 세계피겨선수권대회가 열렸으며, 1924년 제1회 프랑스 사모니 동계 올림픽에서 피겨스케이팅이 경기 종목으로 채택되었다. 경기 방식은 남녀 싱글과 남녀가 한 조를 이루는 페어, 아이스댄싱팀 이벤트 종목으로 나뉜다. 그리고 싱글과 페어는 쇼트프로그램과 프리스케이팅으로 구성된다. 이 두 부문에서 얻은 점수를 종합해 순위를 가른다. 여기서 쇼트프로그램이란 점프, 스핀, 스텝 등 규정된 7~8가지 기술을 넣어 자신의 안무로 2분 50초 이내의 연기를 하는 것이다. 그 시간을 초과하면 5초마다 1.0점이 감점된다.

프리스케이팅은 규정에 얽매이지 않고 자신이 준비한 안무로 자유롭게 연기를 펼치는 것을 말한다. 제한시간은 남자는 4분 20초~4분 40초, 여자는 3분 50초~4분 10초이다. 제한시간에 못 미치거나 초과하면 5초마다 1.0점이 감점된다. 또한 아이스댄싱은 제한시간이 없는 컴펄서리댄스, 제한시간 2분의 오리지널댄스, 제한시간 4분의 프리댄스로 구성되며 세 부문의 점수를 종합해 순위를 결정한다.

대한민국의 김연아는 세계선수권대회 2009, 그랑프리 파이널 2006~2007, 2007~2008, 2009~2010, 4대륙 대회 2009 등 세계 주요 대회를 석권하였다. 이후 제21회 밴쿠버 동계 올림픽에서 금메달을 획득하였고, 제22회 소치 동계 올림픽에서 은메달을 획득함으로써 피겨스케이팅역사의 전설이 되었다.

15 컬링

1900년대 컬링 선수들

컬링이란 얼음판에서 둥글고 납작한 스톤을 미끄러뜨려 과녁에 넣음으로써 득점을 얻는 경기로 한 팀은 네 명이며, 두 조로 나누어 진행하는 동계 스포츠다.

컬링은 16세기 이전부터 스코틀랜드에서 시작되어 영국을 중심으로 본격적으로 스포츠 종목으로 발전하였다. 캐나다에서 컬링은 국민적 스포츠로서 각광받는 인기 종목이며, 미국 및 유럽은 물론 오스트레일리아, 뉴질랜드, 일본에서도 남녀노소를 가리지 않는 생활 스포츠로서 인기를 끌고 있다.

컬링은 1998년 제18회 나가노 동계 올림픽에서 정식 종목으로 채택되었다. 경기 종목은 남자 종목, 여자 종목, 믹스더블 종목이 있으며, 남자와 여자 종목은 정해진 규칙 안에서 진행된다. 한 게임은 10앤드로 구성되고 2시간 40분 정도 걸린다. 각 팀은 4명의 선수로 이루어진다. 일반적으로 리드, 세컨드, 서드, 스킵의 순서로 투구를 한다. 한 팀 당 8개의 스톤을 상대팀과 한 개씩 번갈아 투구하며 한사람의 선수가 1개 씩 2회 투구 양팀은 16개의 스톤이 모두 투구되면 한 앤드가 끝난다.

최초 앤드는 토스로 선공과 후공을 결정하되, 세컨드부터는 각 앤드에서 진 팀이 다음 앤드에서는 후공이 된다. 점수의 확인은 각 팀의 서드가 하고, 양팀 스톤의 중심으로부터의 거리 측정을 필요로 할 때는 모든 스톤이 투구되고 난 후 바이스 스킵만이 심판에게 요구할 수 있다. 12피트의 하우스 안에 있는 스톤으로서 상대편 스톤보다 하우스의 중심에 더 가까이 있는 것은 모두 그 앤드의 점수가 된다.

　우리나라는 2001년 아시아태평양 컬링선수권대회에서 여자팀이 우승, 2002 아시아태평양 컬링선수권대회에서 남자팀 우승, 여자팀 준우승, 2004 세계 주니어 컬링선수권대회에서는 남자팀이 4강에 진출하였으며, 2007 동계 아시안게임에서 남자팀과 여자팀이 금메달을 획득하였다. 그리고 2018년 제23회 평창 동계 올림픽에서 여자 대표팀은 은메달을 획득하였다.

16 쇼트트랙

1900년대 쇼트트랙 경기

쇼트트랙은 실내 트랙에서 하는 스피드 스케이트 경기로, 한 바퀴의 거리가 111.12미터인 짧은 링크에서 경기를 펼친다. 쇼트트랙의 기원은 1900년대 북미에서 인기를 끌던 경주식 스피드 스케이팅이다.

쇼트트랙은 1988년 캐나다의 캘거리에서 열린 제15회 동계 올림픽에서 시범 종목으로 채택됐으며, 정식 종목은 1992년 제16회 프랑스 알베르빌 동계 올림픽부터 채택돼 현재에 이르고 있다.

쇼트트랙은 개인 종목과 단체 종목이 있는데 개인 종목은 4명에서 8명이 경주를 하고 남자 500m, 여자 500m., 남자 1000m, 여자 1000m, 남자 1500m, 여자 1500m가 있으며, 단체 종목 계주는 4명의 선수가 한 팀이 된다. 남자 계주는 500m, 1000m, 1500m, 5000m이고 여자 계주는 500m, 1000m, 1500m, 3000m 등 총 8개의 종목이 있으며, 2022년 제24회 베이징 동계 올림픽부터 신설돼 치러진 혼성 계주2000m가 있다. 혼성 계주의 경우 남녀 선수 각각 두 명씩 총 4명이 한 팀을 이뤄 트랙을 18바퀴 도는 경기이다.

쇼트트랙 선수들은 몸을 보호하기 위해 헬멧과 장갑, 무릎 보호대를 착용한다. 헬멧의 경우 그 번호가 세계선수권 종합성적순으로 부여되는데 특히, 2016년부터는 화려한 디자인이 적용되었다. 고글은 바람과 얼음 파편에서 눈을 보호하는 역할을 하며, 컬러렌즈의 경우 빙상의 빛 반사에서 눈을 보호하고 시야 확보를 위한 것이다.

우리나라는 쇼트트랙 세계 최강국으로 쇼트트랙이 동계 올림픽 정식 종목으로 채택된 제16회 프랑스 알베르빌 동계 올림픽에서 김기훈이 남자 1000m에서 동계 올림픽사상 첫 금메달을 땄다. 그후 2022년 제24회 베이징 동계 올림픽까지 우리나라는 동계 올림픽 쇼트트랙에서 총26개의 금메달을 획득하였다.

17 씨름

김홍도의 <씨름>(1780년경)

씨름은 한국 고유의 전통문화이자 운동으로, 두 사람이 샅바를 잡고 힘과 기예를 겨루어 상대방을 넘어뜨리는 경기이다. 4세기 무렵에 지어진 것으로 보이는 만주의 고구려 고분 각저총과, 5세기 무렵에 지어진 것으로 보는 장천 1호 무덤에는 씨름하는 모습을 묘사한 그림이 있는 것으로 보아, 우리나라는 일찍이 씨름을 즐겼다는 것을 알 수 있다. 세계적으로 볼 때 씨름과 비슷한 격투기로는 일본의 스모, 몽골의 부흐, 터키의 씨름이 있다.

현대의 씨름 경기는 1920년대에는 전성기를 맞는다. 고등보통학교 교사로 재직하던 강낙원, 서상천, 한진희 등은 1927년 조선씨름협회를 결성하고 각 지방의 씨름이 어떻게 보존되고 있는지를 조사했다. 그 결과 함경도, 평안도, 황해도, 경상도, 강원도, 충청도 지역에서는 '왼씨름'으로, 경기도와 전라도에서는 '오른씨름'으로 경기한다는 걸 알게 되었다. 그런 까닭에 '왼씨름' 위주로 경기규칙을 정하고 '왼씨름'으로 통합하였다.

조선씨름협회는 1927년 9월 제1회 '전조선씨름대회'를 서울휘문고등보통학교에서 개최했으며, 거의 매년 정기적으로 대회를 열었다. 1946년에는 조선씨름협회가 대한씨름협회로 개편되면서 씨름의 인기가 하향곡선을 그리며 민속씨름경기는 더 이상 개최되지 않고 대학씨름대회를 비롯한 전국, 지방 단위의 씨름대회가 설날이나 단오 때 주로 열렸다.

그러다 1972년 한국방송공사가 'KBS배 전국장사씨름대회'를 개최함으로써 씨름은 되살아 나기 시작했다. 그리고 1983년에는 새로 결성된 민속씨름협회가 '천하장사대회'를 개최하면서 이만기, 강호동 같은 인기 선수들이 배출되었다. 그러나 안타깝게도 IMF 때 많은 팀이 해체되어 퇴락의 길을 걸었다. 그러나 다행히 2000년대에 들어 대학 및 관공서 등이 적극 나섬으로써 씨름의 옛 명성을 되찾느라 노력하고 있다.

18 골프

1800년대 골프 경기

골프란 골프채로 작은 공을 쳐서 홀에 넣을 때까지 타수가 적은 사람이 승리하는 경기이다. 골프의 기원은 네덜란드의 헤드 콜벤이라는 하키와 유사한 놀이가 14세기경 스코틀랜드로 전해져 골프로 발전했다는 설이 지배적이다.

1552년 스코틀랜드 세인트앤드루스대학 도서관에서 양피지에 쓰여 있는 골프에 관한 기록이 발견됐는데, 이것이 지금까지 발견된 가장 오래된 골프 문헌이라고 한다. 1744년 스코틀랜드 에든버러에서 골프협회가 처음 조직되었다.

그후 1754년 스코틀랜드에서 13조의 골프 규칙이 만들어진 후 잉글랜드에 전해짐으로써 골프클럽이 결성되었다. 그 당시에는 가죽재질의 주머니를 만들어 새의 깃털을 집어넣어 골프공을 만들었다. 그리고 샤프트와 헤드를 모두 나무로 만든 클럽으로 공을 쳤다. 그러다 1846년이 되어서야 고무로 만든 골프공이 고안되었다.

1860년 제1회 전영全英 오픈을, 1885년 전영아마추어선수권대회가 개최되면서 영국 골프계는 활성화되었다. 그리고 1888년에 이르러 미국에서는 처음 골프클럽이 결성되었다. 이후 미국은 역사가 짧은데도 오늘날과 같은 골프공의 원형을 개발하는 등 현대 골프가 급성장했다.

1916년 미국은 PGA미국프로골프협회를 창립함으로써 기반을 탄탄히 다진 끝에 전영오픈과 전영아마추어선수권대회에서 미국 선수들이 우승하는 아름다운 성과를 이뤘다. 1970년대 들어 아놀드 파머, 잭 니클라우스, 개리 플레이어에의 인기에 이어 그레그 노먼, 닉 팔도, 닉 프라이스 같은 선수로 이어졌다. 그리고 2000년대 들어 타이거 우즈가 세계 골프계를 평정했다.

1900년 무렵 골프가 전해진 대한민국은 여성 골프 선수로는 박세리, 박인비, 고진영, 안신애, 김효주를 비롯한 많은 선수들이 세계 여자 골프의 중심을 이루고 있다. 특히 박세리는 2007년 LPGA '명예의 전당'에 올랐다. 남자 골프 선수로는 최경주, 임성재 등의 선수들이 PGA에서 활발하게 활약하고 있다.

19 수영

1840년대 수영 경기

동서양을 떠나 수영의 역사는 매우 오래되었다. 이는 고대 유적에서도 확인할 수 있는데, 고대 동굴로 추정되는 동굴벽화에는 헤엄을 치는 사람의 모습이 새겨져 있으며, 고대 이집트에서는 귀족들에게 수영을 가르쳤다는 기록이 전해진다. 1760년 프랑스 파리에는 수영학교가 설립되었고, 1828년 영국에서는 수영기술에 관한 연구결과가 발표되었다고 한다.

1873년에는 영국의 존 트러전이 수영대회에서 처음으로 크롤 영법crawl 공개되면서 새로운 수영시대를 열었다. 크롤 영법은 자유형 계영 종목에서 유래한 말로 계영은 개인이 아닌 팀 단위로 수영 경기를 하는 종목으로, 각 선수가 자신의 차례에 자유롭게 영법을 선택하여 수영을 할 수 있기 때문에 자유형이라는 이름이 붙여졌다.

이를 좀 더 부연하면, 크롤 영법은 팔다리를 곧게 뻗어 전신을 바르게 하고 수면에 엎드리듯 뜨는 것이 기본 자세이다. 자유형 계영 종목에서 가장 빠른 기록을 내는 영법이 크롤 영법인 까닭에 자유형이라는 용어가 크롤 영법을 가리키는 말로 쓰이게 되었다.

수영이 올림픽 종목으로 채택된 것은 1896년 제1회 아테네 올림픽 때부터다. 당시 대회에서 수영은 100m, 500m, 1,200m 3종목의 자유형 경영이 치러져 100m의 경우 1분 22초 2의 기록으로 우승자가 결정됐다. 47초가 채 안 되는 지금과 비교하면 비교도 안 될 만큼 느린 기록이다. 경영이 아닌 다이빙 종목은 1904년 제3회 세인트루이스 올림픽부터 정식 종목이 되었다.

우리나라 수영이 올림픽에 참가한 것은 1964년 제18회 도쿄 올림픽

대회가 첫 출전이었다. 한국 수영의 아시아 경기대회 첫 금메달은 1970년 제6회 방콕대회에서 조오련이 받았다. 그 후 올림픽 첫 금메달 수상자는 박태환으로 2008년 제29회 베이징 올림픽 남자 자유형 400m에서 획득하였다.

20 버저비터

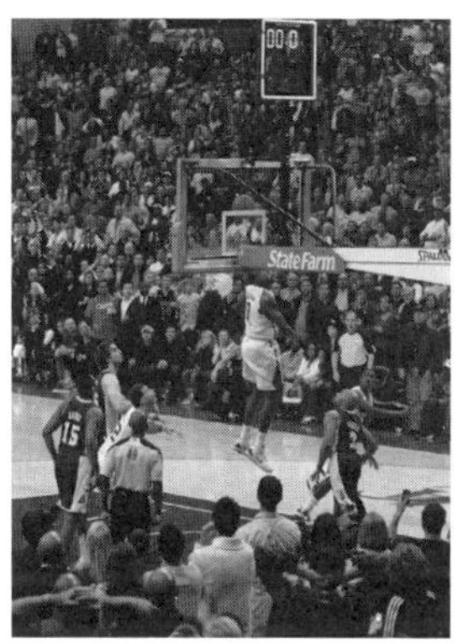

프로농구 경기

농구에서 버저비터 Buzzer Beater 란, 경기종료를 알리는 버저 소리와 함께 성공된 골을 말하는 것으로, 버저가 울리는 순간 공이 슛하는 선수의 손을 떠나 있어야 유효한 슛으로 인정된다. 그러니까 경기시간 내에 던진 슛이라면 날아가는 도중에 종료 버저가 울린다할지라도, 유효한 슛이 된다는 말이다.

또한 24초 공격 제한시간을 세는 샷 클락이 울릴 때도 버저비터라고 한다. 국제농구연맹 FIBA 이나 미프로농구 NBA 규정은 버저비터의 성공여부는 심판이 판정하며 경기 감독관과 계시요원이 자문할 수 있고 의견이 일치하지 않을 경우 최종 선언은 주심이 하도록 하는 게 원칙이다.

버저비터는 대개 농구공의 체공시간 농구공이 공중에 떠 있는 시간 이 긴 중장거리 슛이 많은 비중을 차지한다. 하지만 가끔은 덩크로 버저비터가 나오기도 한다. 그런데 덩크는 손에 들고 있던 공을 림으로 직접 넣어야 하는 까닭에 이론상으로는 버저비터는 불가능하다고 말한다.

버저비터는 슛을 함과 동시에 버저가 울리며 그와 동시에 득점이 되는 것에 비해, 덩크는 슛과 동시에 득점이 이뤄지기 때문에, 덩크와 동시에 버저가 울린다면 버저가 울리는 순간 공이 손에 남아 있기 때문에 노카운트 된다.

다시 말해 버저비터의 성립을 위해서는 '공이 손을 떠났지만 아직 림에 도달하기 전인, 0. 몇몇 초 사이에 버저가 울려야 하는데, 그런 상황이 덩크에선 일어나기 힘들기 때문에 어쩌다 덩크에서 버저비터가 나오는 건 심판의 판단에 의해서다.

농구에서 버저비터의 성공으로 경기의 승패가 뒤바뀌는 스릴은 보는 사람들은 물론, 해당 선수들에겐 농구의 흥미를 한층 배가 시킨다. 우리나라 프로농구 경기에서도 종종 버저비터가 나오는데, 이를 본 경험이 있다면 버저비터의 마력에 빠져들게 된다. 그런 의미에서 농구에서의 버저비터는 큰 매력으로 다가오는 것이다.

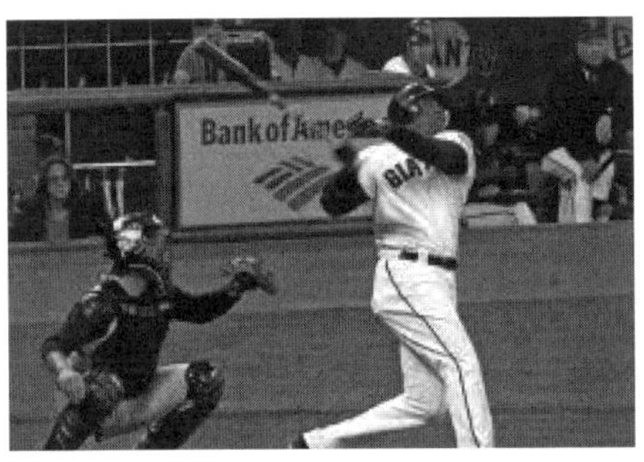

프로야구 경기

30-30클럽이란 프로야구에서 한 시즌 동안 30홈런과 30도루를 동시에 기록한 선수를 가리키는 용어이다. 그 외에도 10-10클럽, 20-20클럽, 40-40 클럽이 있다.

여기서 10-10클럽은 한 시즌에 10홈런과 10도루를 충족한 선수에게 주어지는 기록이다. 20-20-20클럽은 한 시즌에 20개의 홈런, 20개의 2루타, 20개의 3루타를 동시에 달성한 선수를 이르는 말이다. 그리고 40-40클럽은 한 시즌에 40개의 홈런과 40개의 도루를 기록한 선수를 이르는 말이다.

야구의 본고장이라고 할 만큼 야구가 활성화된 미국 메이저리그에서는 1922년 켄 윌리엄스가 최초로 30-30 클럽에 가입했다. 그후 블라디미르 게레로, 알폰소 소리아노, 배리 본즈, 알렉스 로드리게스 등이 달성했는데 최다기록은 바비 본즈와 배리 본즈가 기록한 5회이다. 신인으로는 유일하게 30-30클럽을 달성한 선수는 2012년의 마이크 트라웃이다. 야구에서 30-30클럽이 매우 중요한 것은 기록만으로도 선수의 가치성을 갖기 때문이다.

그런데 2023년부터 메이저리그에서 피치 클락 도입, 견제구 횟수 제한, 베이스의 크기 증가 등의 요소로 인해 도루의 개수가 전반적으로 크게 늘어났다. 그렇게 되자 자연스럽게 30-30클럽 달성자도 많아졌다. 2023년에만 로날드 아쿠냐 주니어, 프란시스코 린도어, 훌리오 로드리게스, 바비 위트 주니어가 달성했다. 2024년에는 아시아 메이저리거 최초로 오타니 쇼헤이가 30-30클럽에 가입했다. 그리고 유격수 포지션으로는 바비 위트 주니어가 최초로 2년 연속 30-30클럽에 가입했다.

우리나라에서는 1999년에 홍현우, 이병규, 제이 데이비스 3명이 한꺼번에 달성했고, 2000년 박재홍을 마지막으로 맥이 끊겼다. 그러다가 2015년에 에릭 테임즈가 6번째로 달성하였다. 그후 2024년에 김도영이 최소 경기, 최연소 30-30을 기록했다.

22 아이솔레이션

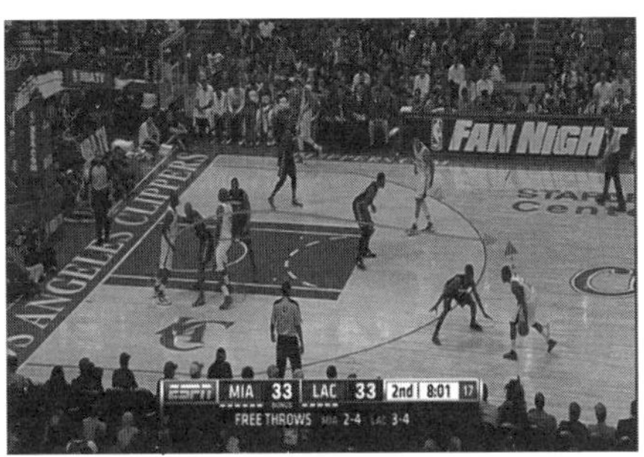

MBA 농구경기

농구 경기에 있어 맨투맨에 대항하는 전략으로, 공을 가지고 있지 않은 공격자들이 공을 가지고 있는 사람에서 멀리 떨어진다는 농구의 용어이다. 공격 방식은 보통 코트를 세로로 잘라 한쪽 편에 위치한 에이스에게 공을 투입하고, 나머지 4명은 공이 없는 반대쪽 외곽 지역에서 에이스가 밖으로 빼주는 공을 받을 준비를 한다.

아이솔레이션에서 공격팀의 가장 중요한 점은 상대방의 가장 약한 수비수를 우리팀 공격수가 가장 좋아하는 위치에서 매치하도록 하는 것이다. 가령, 지고 있을 때 쿼터 혹은 경기가 끝나는 시간이 얼마 남지 않은 경우, 에이스에게 공을 주고 나머지 선수는 공간을 넓혀준다. 이렇게 되면 에이스는 상대 수비수와 1대1로 맞서게 된다. 전술 성격상 에이스에게 볼이 투입되는 순간 패스가 나올 확률이 낮아진다. 때문에 패스로 인한 턴 오버의 확률이 낮다는 것이 장점이다.

그러나 상대도 이 전술에 맞춰 가장 뛰어난 수비수를 두기 때문에 에이스의 능력을 믿을 때 이 방법은 실행되고, 그런 만큼 공격수의 체력 소모도 따르게 된다. 그런 까닭에 턴 오버 1개가 매우 치명적이면서 집중해서 모든 것을 쏟아내야 하는 경기 막판 클러치타임에 가장 많이 쓰인다.

1990년대까지는 NBA에서 지역 방어가 금지되었고, 대인 마크만이 허용됐기 때문에 아이솔레이션이 매우 중요시됐다. 협력 수비로 운동

능력이 좋은 에이스들을 막을 수가 없으니 가장 유효한 공격 전술이기도 했다. 때문에 농구가 단조로워진다는 지적이 일자, 지역방어를 도입했다.

　그뒤로는 픽 앤 롤 등의 2:2 전술, 모션 오펜스 등의 3:3 전술이 공격 전술의 주핵심로 떠오르고 아이솔레이션처럼 1:1 전술은 잘 사용하지 않는다. 그러나 2010년대 중반을 지나 후반부터 수비 전술의 발전으로 인해 최대한 오픈된 공간을 주지 않는다. 미스 매칭을 이용한 아이솔레이션이 중요한 공격 방식이 됐기 때문이다.

23 쿠베르탱

피에르 드 쿠베르탱
(1863~1937) 프랑스 교육자.
근대 올림픽 창시자.

쿠베르탱은 프랑스의 교육자이자 근대 올림픽의 창시자다. 그는 스포츠를 좋아하는 사람으로 스포츠가 인간의 성품형성에 중요한 역할을 한다고 믿었다. 그런 까닭에 그는 스포츠를 학생들과 젊은이들의 자아개발의 중요한 요소로 확신함으로써 프랑스의 앞날을 위한 교육의 일환으로 여겼다.

이렇게 생각을 굳힌 그는 체육을 학교 활동의 배움의 요소로 삼기 위해 미국과 독일, 영국의 대학들을 방문하여 깊은 영감을 받았다. 이후 그는 고대 올림픽을 모델로 삼아 세계 각국의 젊은이들을 올림픽으로 하나가 되게 함으로써 세계 평화에 기여해야겠다고 다짐했다.

생각을 굳힌 그는 1892년 이런 자신의 생각을 대내외적으로 널리 밝히고, 이후 1894년 6월 23일 소르본대학교에서 열린 국제회의에서 올림픽을 결성함과 동시에 국제올림픽위원회IOC를 청설하는 데 중심 역할을 하였다.

국제올림픽위원회 초대 위원장으로 그리스의 드미트리우스 비켈라스가 선출되었다. 그리고 1896년 제1회 올림픽을 그리스의 아테네에서 개최하여 성공적으로 치러내면서 제2대 국제올림픽위원회 위원장으로 선출되었다. 그러나 성공적인 올림픽임에도 세계 박람회에 밀려 올림픽에 대한 관심이 약화되었다. 나아가 영국과 미국의 정치적 문제로 인해 올림픽 정신이 민족주의에 의하여 훼손될 것을 염려하였다. 하지만 쿠베르탱의 끈질긴 노력으로 올림픽은 세계에서 가장 크고 가장 중요한 스포츠 대회가 되었다.

쿠베르탱은 제1차 세계대전 후 1928년 올림픽연구소를 창립하는 한편 '스포츠교육 국제사무국'을 설립하였으며, 1930년 '스포츠 개혁 헌장'을 공표하고 오늘날의 올림픽이 되는 데 크게 이바지하였다.

24 펠레

펠레(1940~　)
브라질 축구 황제

브라질의 축구 황제라 불리는 불세출의 축구 선수 펠레. 그는 어린 시절부터 축구에 남다른 재능과 열정을 가지고 있었다. 펠레는 15살 되던 해 아버지의 친구인 유명 축구 선수 브리트의 눈에 띠어 산토스 축구팀에 입단하였고, 16살 때 베스트 멤버가 되는 놀라운 진가를 발휘하였다.

청소년 시절 이미 그는 성인 축구무대를 휘저으며 자신의 실력을 유감 없이 보여주었다. 그는 눈부신 활약으로 17살 때 기라성 같은 축구 선수들이 즐비한 브라질의 대표 선수로 발탁되었다. 축구 선수는 브라질 국민들의 꿈이자 삶의 목적일 만큼, 브라질 국민에겐 절대적이다. 그런 사람들 숲에서 펠레는 어린 나이에 자신의 자리를 차지했던 것이다. 그는 브라질 축구계는 물론 브라질 국민의 희망이었다.

펠레는 1958년 스페인 월드컵을 비롯해 1962년, 1970년 등 세 번에 걸쳐 브라질을 우승으로 이끌었다. 그로인해 브라질은 우승컵인 쥘리메트로피를 영구히 소장할 수 있게 되었다. 그리고 그에게는 축구 황제라는 영예로운 별칭이 붙게 되었고, 그의 이름은 세계 축구의 대명사가 되었다.

1960년도부터 세계 최고의 선수라는 평가를 받은 그는 1969년 11월 19일에는 1,000골을 돌파하는 영광을 안았다. 1,000골이란 숫자는 1급 경기만으로 이뤄낸 놀라운 것이기에 그 의미가 매우 크다. 펠레는 키 173cm, 몸무게 75.6kg의 보통 체격을 가졌지만, 그가 최고의 축구 선수가 된 비결은 그의 천부적인 재능에도 있지만 끊임없는 연습과 기술 개

발에 있었다. 뿐만 아니라 자신의 재능을 과신하지 않았고, 언제나 한결
같은 마음으로 초심을 잃지 않았다. 축구는 그의 인생이었고, 그의 인생
은 축구 그 자체였다.

25 타이거 우즈

타이거 우즈(1975~) 미국
프로골프 선수. PGA 골프
황제

타이거 우즈는 어릴 적부터 힘든 기색 없이 골프를 즐기며 배웠다. 그는 16살 때인 1991년에 이어 1992년, 1993년 연속으로 미국 주니어 아마추어 챔피언십에서 우승하였다. 이 기록은 1984년 매리 루 리턴 이래 처음으로 3년 연속 우승이란 놀라운 기록이다. 이어 1994년 US 월드 아마추어, 1995년 워커 컵, 1997년 리더 컵 대회에 국가대표로 참가하였다.

우즈는 대학 3학년 때인 1996년 중퇴를 하고 처음으로 PGA 투어에 참가하였으며, 라스베이거스 인비테이셔널, 월드 디즈니 월드, 올즈 모빌 클래식에서 우승을 거둠으로써 PGA 투어 신인상을 받았다. 1997년에는 PGA의 메르세데스 챔피언십, 마스터스 토너먼트, GTE 바이런 넬슨 골프 클래식, 모터롤라 웨스턴 오픈을 제패함으로써 프로 골프계를 뒤흔들어 놓으며 우즈란 이름을 드높였다. 우즈는 1998년 PGA 벨사우스 클래식에서 우승하였다.

타이거 우즈는 기록의 사나이다. PGA 사상 최연소 50승을 이뤄냈고, US 오픈에서 106년 역사상 처음으로 두 자릿수 언더파12언더파 와 역대 최다 타수15타 타이기록을 세웠다. 그리고 브리티시오픈에서는 역대 메이저 대회 최저타 우승기록 및 한해 4대 메이저 대회를 석권하는 그랜드슬램을 최연소로 이뤄냈다. 그리고 통산 3차례의 그랜드슬램을 이뤘다.

또 2005년에는 한 시즌 상금 사상 첫 1,000만 달러를 기록하였다. 그후 이혼과 부상으로 오랫동안 슬럼프에 빠졌지만, 2012년 PGA 아널드 파머 인비테이셔널 우승, 2013년 우승, 2019년 메이저 대회인 마스터스 우승 등 PGA 투어 통산 82승, 메이저 대회 15승이라는 대기록으로 2022 '세계 골프 명예의 전당 PGA 투어 부문'에 입회되었다.

26 마이클 조던

마이클조던(1963~) NBA 전 농구 선수, 샬럿 밥캐츠 구단주

120년 농구 역사에서 가장 위대한 선수로 평가받는 농구의 황제 마이클 조던. 그는 노스캐롤라이나대학교에 입학해 두 차례나 올해의 대학 선수상을 수상하였다. 그는 3학년 때 대학을 중퇴하고 시카고 불스에 입단해 6차례나 우승을 이끌었다.

"신이 조던의 모습으로 변장하고 나타났다." 보스턴의 농구전설로 불리는 래리 버드가 한 말로 조던이 자신의 팀을 상대로 혼자서 63점을 득점한 것에 대한 찬사이다. 조던은 상대의 선수가 극찬할 만큼 공수 양면에서 뛰어난 선수였다. 조던의 슛은 방향을 가리지 않았다.

조던은 공격기술도 뛰어났지만 민첩성과 돌파력, 퍼스트 스텝은 따라올 자가 없었다. 조던은 자신보다 키가 큰 선수들을 뚫고 슛을 하는 데도 거침이 없었다. 그의 공격을 막는 것은 불가능에 가까울 정도였다. 그는 실력이 탁월한 선수였고 실력 못지 않게 승부욕과 정신력 또한 강했다. 농구계 관계자들이나 선수들이 평가하는 조던은 '완벽' 그 자체이다. 그만큼 결점이 없는 선수가 조던이다.

조던은 득점왕 10회, NBA 정규 리그 최우수 선수MVP 5회에 올랐다. 그가 13시즌 동안 기록한 평균득점 31.5점도 사상 최고다. 그는 NBA 신인상과, 10회의 베스트5 선발, 1988년 올해의 수비 선수, 1987년과 1988년 2년 연속 슬램덩커로 뽑혔다. 그리고 올스타전에서만 3회1988, 1996, 1998년 최우수 선수로 선정됨은 물론 미국프로농구 역사상 1,072경기에서 통산 득점랭킹 3위를 기록했다. 그가 NBA 최고의 선수가 될 수 있었던 것은 천재적 재능 덕분만은 아니었다. 그의 성공은 지치지 않는 열정으로 누구보다 열심히 피나게 연습한 결과였다.

27 무하마드 알리

무하마드 알리(1942~2016)
미국 헤비급 챔피언

세계 프로복싱사상 세 번의 헤비급 챔피언을 지낸 무하마드 알리. 그는 13살 때 권투를 배우기 시작했는데, 몸놀림이 매우 유연하고 스피드가 탁월했다. 거기에 강인한 의지와 끈기까지 있어 복싱 선수로서는 최상의 조건을 갖췄다.

알리는 복싱에 빠져 사춘기를 보냈다. 그 결과 그의 나이 17살에 골든 글러브 챔피언이 되었다. 그리고 1960년 로마 올림픽에 참가해 18살의 어린 나이로 헤비급 금메달을 획득하였다. 이후 알리는 1964년 헤비급 세계 챔피언인 차를레스 리스톤과의 타이틀매치에서 그를 이겨 권투 역사상 두 번째로 나이 어린 챔피언에 올랐다. 그후 9회 연속 챔피언 벨트를 지켜내며 전 세계인들을 열광시켰다.

알리의 장점은 191cm의 큰 키에 100kg이 넘는 몸무게를 지니고도 플라이급 선수들보다도 빠른 몸놀림과 현란한 테크닉을 지녔다는 데 있다. 그런 까닭에 그를 보는 사람들을 즐겁게 했다. 또한 말솜씨가 뛰어나 그의 말을 듣는 것만으로도 흥미를 더했다. 그가 인기가 있는 것은 권투를 잘해서만이 아니다. 자신의 생각에 대한 확고한 소신이 뚜렷했기 때문이다.

그는 미국 정부로부터 베트남 전쟁에 참전하라는 명령을 받았다. 그러나 그는 종교적 신념에 의해 참전을 거부했다. 그러자 미국 정부는 징집을 거부한 그에게 3년 반 동안 선수자격 박탈과 챔피언을 박탈했고 출국 금지명령을 내렸다. 하지만 그는 자신의 신념을 굽히지 않고 3년

"

5개월의 긴 싸움 끝에 당당히 무죄선고를 받아냈다.

다시 선수자격을 얻은 알리는 시련을 극복하고 헤비급 역사상 세 번이나 챔피언에 오르는 등 인간의 강인함과 위대함을 보여주었다. 그는 세계 복싱사상 가장 위대한 복서로 평가받는 복싱 영웅이다.

28 마이클 펠프스

마이클 펠프스(1985~)
미국 올림픽 수영 선수

마이클 펠프스는 어린 시절 ADHD 주의력결핍 과잉행동장애 라는 진단을 받았다. 그의 어머니는 펠프스의 ADHD 치료에 도움이 될까 하여 수영을 가르쳤다. 수영 코치인 밥 보우먼은 펠프스를 가르치며 뛰어난 재능을 발견했다. 펠프스는 만 15살의 나이로 올림픽에 설 수 있는 자격을 얻었다.

그러나 첫 출전한 2000년 시드니 올림픽에서 메달을 따지 못했다. 이듬해인 2001년 오스틴 전미선수권대회에서 펠프스는 접영 200m에서 종전의 세계 기록인 1분 55초 18를 0.26초 앞당긴 1분 54초 92로 최연소 세계 신기록 달성하였다. 펠프스는 후쿠오카 세계선수권에서 접영 200m 예선에서 1분 54초 84로 세계 기록을 단축시키며 처음으로 세계 챔피언에 올랐다.

그리고 2004년 아테네 올림픽에서 개인혼영 400m 경기에서 4분 08초 26으로 세계 신기록을 세우며 첫 금메달을 땄으며, 접영 200m, 자유형 계영 800m, 개인혼영 200m, 접영 100m, 혼계영 400m 금메달, 400미터 자유형 계영과 200미터 자유형에서 2개의 동메달을 땀으로써 총 금메달 6개와 동메달 2개를 획득하였다.

펠프스는 2008년 베이징 올림픽에서 자유형 200m, 개인혼영 200m, 개인혼영 400m, 계영 400m, 계영 800m, 혼계영 400m, 접영 200m, 접영100m 결승전에서 전 종목 세계 신기록을 세우며 8개 금메달을 획득하였다. 그리고 4년 후인 2012년 런던 올림픽에서 계영 800m, 개인혼영 200m, 접영 100m, 혼계영 400m에서 금메달 4개를 접영 200m, 계영 400m에서 은메달 2개를 땄다. 펠프스는 마지막으로 출전한 2016년 브라질 리우데자네이루 올림픽에서 계영 400m, 접영 200m, 계영 800m, 개인혼영 200m, 혼계영 400m 에서 5개의 금메달을, 100m 접영에서 은메달 1개를 땀으로써 5번의 올림픽에서 총 28개의 메달을 획득함으로써 근대 올림픽 116년 역사상 가장 많은 금메달을 수확한 수영 선수가 되었다.

29 베이브 루스

베이브 루스(1895~1948) 미국 메이저 리그 야구 선수

베이브 루스는 1895년 미국 볼티모어에서 태어나 1902년 성모 마리아 직업학교에 진학해 로마 가톨릭 사제인 마티어스 신부에게서 야구를 배웠다. 루스는 1914년 3월 7일 인터스쿼드 경기에 프로야구 선수로 처음 그라운드에 섰다. 그는 투수를 맡아 2이닝을 던졌으며 팀은 15:9로 승리하였다. 또한 타자로서 두 번째 타석에서 우전 적시타를 기록했다.

이후 루스는 필라델피아 필리스와의 시범 경기를 치렀다. 루스는 중간에 투수로 3이닝을 던지며 4회에 2실점을 내줬지만, 이후 안정감을 찾고 5회와 6회를 무실점으로 호투했다. 이튿날 필리스와의 경기에서 루스는 6회에 출전해 남은 이닝 동안 실점을 허용하지 않았다. 8회말 6:0으로 뒤진 상황에서 7점을 내며 역전승을 했으며 그는 승리 투수가 됐다. 1916년까지 그는 홈런을 치는 뛰어난 투수로 명성을 쌓았는데, 이는 1920년 이전 데드볼 시대의 모든 선수에게도 드문 일이다.

루스는 투수로 한 시즌에 23승을 거두며 그 당시 레드삭스의 월드 시리즈 3번의 우승에 기여했지만, 야수로 경기에 출장하고 싶어 그는 투수 겸 외야수로 투타겸업 선수가 됐다. 그리고 투타겸업 선수로서 1919년에 메이저리그 한 시즌 홈런기록을 깼다. 뉴욕 양키스에서 활약한 15년 동안 루스는 팀이 7번의 아메리칸 리그 우승과 4번의 월드 시리즈 우승을 하는 데 크게 기여했다. 그리고 그는 1927년 60개의 홈런을 기록하며 본인이 기록했던 한 시즌 홈런기록을 경신했다. 루스는 1935년에 보스턴 브레이브스에서 28경기 출장 후 화려하게 은퇴했다.

루스는 선수생활 동안 12번의 홈런왕으로 아메리칸 리그를 이끌었으며, 22시즌에 출장하며 통산 714홈런을 기록했다. 이는 당시 최고 기록으로 오랫동안 기록을 유지했지만, 현재는 통산 홈런 3위의 기록으로 남아 있다. 하지만 베이브 루스는 미국 메이저 리그의 전설적인 홈런왕으로 평가받는다.

30 우사인 볼트

우사인 볼트(1986~)
자메이카 역대 최고의
육상선수

우사인 볼트는 1986년 8월 21일 자메이카에서 태어났다. 그는 뛰어난 신체조건과 빠른 발로 10살이 되던 1996년부터 육상을 시작했다. 이후 뛰어난 재능으로 2002년 세계주니어육상선수권 200m에서 우승하면서 큰 주목을 받았다. 그는 2008년 5월 국제육상경기연맹IAAF 리복 그랑프리 100m에서 자메이카의 아사파 파월이 보유한 종전기록 9초 74를 0.02초 앞당긴 9초 72를 기록하면서 우승하였다.

그후 2008년 8월 16일 제29회 베이징 올림픽 남자 100m 결승에서 9초 69의 기록으로 또다시 세계 기록을 경신하며 금메달을 획득하였다. 그리고 이틀 후인 2008년 8월 20일에는 남자 200m 결승에서 마이클 존슨이 갖고 있던 세계 기록 19초 32를 0.02초 앞당긴 19초 30으로 세계 기록을 달성했다. 볼트는 이듬해인 2009년 8월 16일 제12회 세계육상선수권대회 남자 100m 결승에서 9초 58로 우승하며 자신의 세계 신기록을 갈아치웠다. 그리고 2010년 5월 19일 대구 세계육상선수권대회 남자 100부문에서 9초 86을 기록하여 우승했다.

또 그는 2011년 8월 28일 제13회 대구 세계육상선수권대회 남자 100m 결승에서 부정 출발하여 실격되었지만, 200m와 400m에서 우승하고, 9월 4일 400m 계주에서는 37.04로 세계 신기록을 수립했다. 그리고 이듬해인 2012년 8월 5일 제30회 런던 올림픽 남자 100m 결승에서 9초 63으로 올림픽 신기록으로 금메달을 획득했으며, 200m 우승, 400m 계주에서도 36초 84로 세계 신기록을 갱신하여 우승함으로써 대회 3관

왕이 되었다.

그후 2016년 8월 15일 브라질에서 열린 제31회 리우데자네이루 올림픽 남자 100m 결승에서 9초 81로 금메달을 획득함으로써, 올림픽 3연패를 이루었으며 200m 경주와 400m 계주에서도 3번째로 우승하여 올림픽 역사상 3종목 3연패를 이룩한 첫 선수가 되었다.

CHAPTER
4

세상 모든 경제와
경영 지혜
— 세계 경제경영 —

01 경제학의 대가 애덤스미스

애덤 스미스(1723~1790)
영국 정치경제학자이자
윤리철학자. 대표 저서 :
《국부론》

사회 및 윤리 철학자이자 정치경제학자인 애덤 스미스는 스코틀랜드의 작은 항구도시에서 태어났다. 그는 두뇌가 명석하여 14살에 글레스고대학교에 입학하여 프란시스 허치슨에게서 윤리철학을 배웠다. 이후 옥스퍼드대학에 장학생으로 들어가 신학을 공부한 뒤 성직자가 되려고 했으나 중도에 포기하고 고향으로 돌아왔다.

1748년 케임즈 경의 후원으로 에딘버그에서 '단순 명백한 자연적 자유의 체계'라는 경제철학을 공개강의했는데, 그의 나이는 고작 20대 중반이었다. 1751년 애덤 스미스는 글래스고대학의 논리학 교수가 되었다.

그는 논리학과 도덕, 철학을 가르쳤는데, 그의 열정적인 강의는 물론 학생들에 대한 따뜻한 배려로 인기 있는 교수로 명성이 자자했다. 사실 그는 경제를 강의를 한 적이 없지만 사람들은 그를 경제학의 창사자로 알고 있다. 그것은 그가 자신이 진행하던 법률 강의 때 종종 자신이 알고 있는 경제에 대한 지식을 들려주었기 때문이다.

1759년 애덤 스미스는 '노동 분업은 국민의 부를 증대하는 데 있어 가장 중요한 원인이다. 부란 일반적으로 생각되는 것과 달리 금과 은의 양에 비례하는 것이 아니라, 국민의 근면성실에 비례한다'는 《도덕감정론》을 발표하여 명성을 떨쳤다.

1776년에는 그의 유명한 명저 《국부론》을 발표하여 국가가 경제활동에 간섭하지 않는 자유경쟁 상태에서도 '보이지 않는 손'에 의해 사회의 질서가 유지된다고 주장하였다. 《국부론》은 경제학 사상 최초의 체계적인 저서로서 고전 가운데 고전으로 마르크스를 비롯한 수많은 경제학자들에게 큰 영향을 주었다.

02 현대 경영학의 아버지 피터 드러커

피터 드러커(1909~2005)
오스트리아 출신 미국
경영학자, 대표 저서 :
《경제인의 종말》《산업사회의
미래》

피터 드러커는 1909년 오스트리아에서 태어났다. 드러커는 어린 시절부터 책읽기를 즐겨 하였고, 재능이 뛰어났다. 그는 김나지움을 졸업할 때 〈파나마 운하가 세계 무역에 미치는 영향〉이란 논문을 썼는데, 이 논문은 정규 학술지에 게재가 되어 주목을 받았다. 고등학생이 쓴 논문으로는 믿기지 않을 만큼 뛰어났던 것이다. 그는 이 논문 덕분에 함부르크 대학 법학부에 입학하게 되었다.

이후 그는 프랑크푸르트대학교 법학부에 편입했다. 그리고 1931년 법학박사 학위를 받고, 프랑크푸르트대학에서 강의를 하다 히틀러가 정권을 잡자 1934년 영국으로 떠났다. 드러커는 《경제인의 종말》이란 책을 써서 윈스턴 처칠로부터 칭찬을 받았다. 그는 또 신문에 기고를 하는 등 활발히 활동하며 1942년 베닝턴대학 교수가 되었다. 그는 강의를 하면서 《산업사회의 미래》라는 책을 썼다. 드러커는 이 2권의 책으로 자신의 존재를 확실하게 알리게 되었다.

그후 그는 GM 제너럴 모터스 의 엘프리드 슬론에게서 GM의 경영을 분석해 달라는 제안을 받으면서 경제경영의 이론가로 명성을 쌓기 시작했다. 그의 분석서는 미국 사회에 센세이션을 불러일으키며 하루아침에 유명인이 되었다.

1949년 드러커는 뉴욕대학의 교수가 되었다. 그리고 1971년부터 캘리포니아 클레어몬트대학에 재직하는 동안 현대 경영학에 지대한 영향을 미쳤다. 그는 스스로를 '사회생태학자'라 칭했으며, '지식노동자' 라

는 말을 비롯해 '기업의 사회적 책임론'을 강조하는 등 기업경영 및 사
회적 경영에 혁신적인 결과를 이뤄냈다. 그는 75살의 늦은 나이에 정
년을 맞아 저술 및 강연을 펼치며 멋지게 인생을 구가한 경영학의 전설
이다.

03 리처드 브랜슨

리처드 브랜슨(1950~)
영국 버진그룹 CEO

영국 최대의 기업인 버진 그룹의 CEO인 리처드 브랜슨. 그는 15살 때 친구인 조니 젬스와 함께 학생을 대상으로 한 잡지 《스튜던트》를 창간하였다. 브랜슨은 취재의 대상을 선별하고 수백 명의 유명 인사들에게 편지와 전화로 인터뷰를 시도하였다. 그의 열정에 감동한 장 폴 사르트르, 볼드윈, 앨리스 워커를 비롯한 유명인들이 취재에 응함으로써 잡지의 공신력을 높였다.

그는 새로운 일을 모색하던 버진 음반가게를 차렸다. 그는 매장 인테리어를 학생들이 좋아할 수 있도록 꾸몄는데 학생들의 반응은 뜨거웠다. 그러자 그는 잇따라 주요 도시에 버진 음반가게를 열었고 음반 판매수입은 날로 증가하였다. 그후 버진 애틀랜틱 항공사를 설립하여 자리를 잡자, 그는 유럽의 저가 항공사인 버진 익스프레스와 호주의 저가 항공사인 버진 블루, 나이지리아의 버진 나이지리아 항공, 미국의 저가 항공사인 버진 아메리카를 설립하였다.

현재 버진그룹은 30여 개 국가에 200여 개의 미디어, 모바일, 인터넷, 음료, 호텔, 레저, 여행, 라디오, 우주산업 등 다양한 분야에서 열정적으로 사업을 경영하고 있다. 그는 열기구를 타고 태평양과 대서양 횡단에 성공하였으며, 세계 일주 여행을 하는가 하면 비행기 무착륙 세계 일주비행을 하는 등 모험가로서의 무엇이든 할 수 있다는 도전정신을 불러일으키고 있다.

또한 그는 지구 온난화에 따른 환경문제에 적극 가담하여 엘 고어 전 미국 부통령을 비롯한 세계 환경운동가들과 적극 활동을 벌이고 아프리카 대륙을 비롯한 제3세계 국가의 가난한 이들을 위해 의료품과 식량 및 구호물자를 후원하는 데도 적극 가담하여 기업가로서의 사회적 책무를 다하고 있다.

 04 어바인 라빈스

어바인 라빈스(1918~2008)
미국 배스킨 라빈스 창업자

배스킨 라빈스를 창업한 어바인 라빈스는 아주 평범한 20대 청년이었다. 그러나 그에겐 푸르게 빛나는 꿈이 있었다. 그것은 자신만의 개성을 지닌 아이스크림을 만드는 거였다. 그는 군대에 있는 동안 자신의 꿈을 구체적으로 설계하였다. 그 당시에는 아이스크림만 파는 가게는 그 누구도 상상하지 못했다.

그런데 군에서 제대한 그가 아이스크림만 전문적으로 파는 가게를 내겠다는 자신의 계획을 밝히자 그를 잘 아는 친구들이나 친지들은 하나 같이 무모한 도전이라며 만류했다.

하지만 그의 생각은 확고했다. 라빈스는 매부를 설득해 자신의 계획에 끌어들였다. 그는 매부와 함께 아이스크림 연구에 들어갔다. 그가 생각하는 아이스크림은 매우 다양했다. 그는 낮이나 밤이나 온통 아이스크림 개발에 매달려 무려 31가지의 맛을 내는 다양한 맛과 색깔을 지닌 아이스크림을 개발했다.

그가 만든 아이스크림을 찾는 사람들로 그의 가게는 북적였고, 소문을 듣고 찾아온 사람들이 아이스크림 사업권을 달라며 아우성이었다. 그는 꿈이 확고한 사람들에게 가게를 할 수 있는 사업권을 내주었다. 그의 톡톡 튀는 아이디어는 그에게 부와 명성을 안겨주었다.

그의 꿈은 거기서 머무를 수 없었다. 그는 자신의 꿈을 미국에만 심기엔 성에 차지 않았던 것이다. 그는 세계로 뻗어나가기 위한 생각으로 골몰하였다. 그리고 마침내 그의 미래를 환하게 밝혀 줄 프로젝트를 완성하였다. 그리고 자신의 뜻을 밝히자 놀라운 일이 벌어지기 시작했다.

세계 각국에서 체인점 요청이 쇄도했던 것이다. 라빈스는 즐거운 비명을 지르며 자신의 꿈을 하나씩 하나씩 심어나갔다. 그 결과 전 세계에 9,000개가 넘는 매장을 거느린 아이스크림 거부가 되었다.

05 마크 저커버그

마크 저커버그(1984~   )
미국 프로그래머. 페이스북
공동설립자이자 대표

마크 저커버그는 중학생 시절부터 프로그래밍을 시작했는데, 아버지에게서 아타리 BASIC 프로그래밍 교육을 배웠다. 그후 소프트웨어 개발자인 데이비드 뉴먼으로부터 개인지도를 받았다. 배운지 얼마 안 돼 프로그래밍 기술을 모두 배웠으며, 다양한 프로그램을 만들어냈다.

저커버그는 하버드대학에 입학한 후 페이스북을 만들었다. 사람들 사이에 교류와 소통을 위해서였다. 그런데 놀랍게도 페이스북은 날로 그 위력을 더해만 갔다. 회원수는 기하급수적으로 늘어났다. 그러자 페이스북에 눈독을 들이는 기업들이 늘어나기 시작했다. 2006년 야후는 무려 10억 달러를 인수금액으로 제시했지만 거절하였다.

바로 여기에 저커버그의 CEO로서의 특출난 자질과 진정성이 있다. 그는 돈보다 일의 가치를 더욱 소중히 했다. 그것은 지금과는 다른 세상을 꿈꾸기 때문인데 그는 앞으로 펼쳐질 꿈의 가치를 더욱 소중히 했던 것이다. 페이스북은 전 세계적으로 약 30억 명이 활발히 이용하고 있다.

저커버그는 《포브스》 선정 **2024년 6월 현재** 세계 부자 순위에서 메타 CEO 저커버그의 재산은 1,755억 달러로 세계 억만장자 가운데 4위다. 그는 2010년 《타임》이 정한 '올해의 인물'로 선정되었으며, 《포브스》가 선정한 세계에서 가장 영향력 있는 인물 9위에 오르는 등 끝을 모르는 성공의 길로 질주하고 있다. 41살의 저커버그가 이처럼 크게 성공할 수 있었던 데에는 그만의 철학과 신념에 있다. 그것은 인간관계의 중요성에 그 가치를 둠으로써 페이스북을 만들 때의 원칙을 지켜나는 데 있다고 하겠다.

06 헨리 포드

헨리 포드(1863~1947)
미국 포드자동차 창업주이자
CEO. 대표 저서 :《나의
산업철학》《오늘과 내일》

헨리 포드는 어려서부터 호기심이 많고, 관찰력이 매우 뛰어나 관심이 있는 사물을 보면 그냥 지나치는 법이 없었다. 또 포드는 자신이 만들고 싶은 게 있으면, 밤낮을 가리지 않고 만들었다. 그리고 잘 모르는 것이 있으면 알 때까지 끈질기게 물고 늘어졌다.

포드가 12살 되던 해 증기의 힘으로 움직이는 차를 보고 강한 호기심이 생겼다. 그후 포드는 기계공으로 일하면서 낮엔 회사일을 하고, 밤엔 자동차 만드는 일에 몰두하였다. 그가 만드는 자동차는 증기의 힘으로 가는 게 아니고, 가솔린으로 가는 자동차였다.

그는 드디어 새로운 자동차를 만들고 디트로이트에서 열리는 자동차 경주대회에 나가 엄청난 속도로 우승을 하였다. 그러자 여기저기서 자금을 대겠다고 사람들이 나섰다. 포드는 1903년 동업자와 함께 자본금 10만 달러로 자동차회사를 설립하고, 본격적인 자동차 생산에 들어갔다.

포드는 회사를 경영하는 데 있어 합리적이고 체계적인 경영방식으로 기획과 조직, 관리에 있어 탁월한 성과를 이루어 냈다. 특히 대량생산을 위한 조립라인 방식의 채택은 놀라운 혁신이었다. 그리고 근로자들에 대한 처우문제에도 그 당시로는 획기적인 노동정책을 펼쳤는데, 최저임금 일급 5달러에 1일 8시간 근무였다.

마케팅 전략에도 뛰어난 실력을 발휘하였는데, 가격인하로 판매량을 늘려 생산성을 높이는 전략을 썼다. 이러한 그의 경영정책은 놀라운

성과를 이루어 냈고, 그에게 자동차 왕이라는 멋진 칭호를 얻게 하였다. 포드의 성공은 피나는 노력과 열정, 끊임 없는 도전정신 그리고 번뜩이는 창의력과 직원들을 아끼고 존중하는 그의 따뜻한 인간애에 있었다.

07 앤드류 카네기

앤드류 카네기(1835~1919)
미국 철강회사 창업주 CEO

앤드류 카네기는 1835년 스코틀랜드에서 가난한 수직공의 아들로 태어났다. 그의 아버지는 가난을 극복하기 위해 카네기가 13살 되던 해 미국으로 이민을 갔다. 카네기는 방적공장을 다니다 피츠버그 전신회사에 전보배달원으로 취직이 되었다. 그는 열심히 책을 읽으며 지식을 습득하였다.

독학을 하며 전신지식을 쌓은 카네기에게 운명 같은 사건이 일어났다. 전신기사가 없는 사이에 온 전신을 카네기가 수신함으로써 단번에 전신기사로 임명되었다. 그후 카네기는 철도관계 지배인인 토머스 스코트에게 철도 전신기사로 발탁되었다.

그러던 어느 날 스코트 지배인이 외출 중이었는데 어느 한 역에서 열차 충돌사고가 일어났다. 그것은 각 열차의 발착시간을 변경하지 않으면 안 될 중대한 일이었다. 카네기는 차후에 일은 자신이 책임질 각오를 하고, 각 역에 타전을 쳤다. 그는 열차사고를 막음으로써 스코트 지배인의 비서로 임명되었다.

카네기는 스코트의 비서로 일하면서 많은 정보를 입수했는데 앞으로 제강업이 크게 성장할 거란 확신에 제강에 대한 공부를 위해 영국으로 갔다. 그는 영국에서 화학적인 벳세마 제강법을 연구하고 미국으로 돌아와 제강소를 설립하고 밤낮으로 제강연구에 몰두하여 질 좋은 제강을 생산해 세계 각처에서 주문이 쇄도하였다.

그의 사업은 순풍에 돛을 단 배처럼 나날이 발전하여 세계 제일의 철강사업가가 되었다. 카네기는 피땀 흘려 번 돈을 학교와 도서관을 짓는 등 사회에 후원하였는데 기부금 총액이 무려 3억 5천만 달러나 되었다. 그는 자신의 인생을 성공으로 끌어 올린, 위대한 실천자이며 삶의 승리자였다.

는 등 사회에 후원하였는데 기부금 총액이 무려 3억 5천만 달러나 되었다. 그는 자신의 인생을 성공으로 끌어 올린, 위대한 실천자이며 삶의 승리자였다.

 조지프 퓰리처

조지프 퓰리처(1847~1911)
미국의 신문 편집인. 발행인.
퓰리처상 제정자

현대 신문의 정형을 이루어 낸 조지프 퓰리처는 헝가리 부다페스트에서 태어났다. 그의 나이 17살 때 큰꿈을 안고 미국으로 간 퓰리처는, 미국 남북전쟁 때 북군으로 참가하는 등 활발하게 활동을 하며 미국으로 귀화하였다. 미국인이 된 그는 세인트루이스로 가서 독일어 일간지 《서부신문 베스틀리헤 포스트》 기자가 되어 열심히 취재활동을 벌이며 자신의 입지를 굳혀 나갔다. 그의 열정은 자신을 편집장에 오르게 했다.

1874년 퓰리처는 신문사업에 관심을 갖고, 세인트루이스의 또 다른 독일어 신문인 《슈타츠 차이퉁》을 인수했다. 그리고 4년 후 세인트루이스의 《디스패치》《포스트》를 인수해 《포스트 디스패치》로 통합했는데, 이것이 세인트루이스 최고의 석간신문이 되었다. 또한 퓰리처는 《뉴욕 신문》에 관심이 많아 《뉴욕 신문》에 투자를 하여 1883년 뉴욕 조간인 《뉴욕 월드》를 인수했다.

그리고 1887년 《뉴욕 월드》의 자매지인 《이브닝 월드》를 창간했다. 그의 신문에 대한 애정은 아주 대단해서 정치비리의 과감한 폭로와 심층보도를 시도하고, 절묘한 홍보능력을 발휘하여 구독자를 늘리는 데 탁월한 능력을 보였다. 그는 신문에 만화와 스포츠 기사를 싣고, 여성들이 좋아하는 패션 기사와 화보를 싣는 등 혁신적인 기획으로 변화를 주어 당시로는 최첨단의 신문으로 만들었다.

퓰리처는 자신의 재산을 컬럼비아대학에 기부해 언론대학을 설립하게 했으며, 퓰리처상을 제정하여 매년 언론발전을 위해 공헌한 사람들에게 상을 수여하게 하였으며 오늘날까지도 이어지고 있다. 그는 언론

인의 본분과 언론의 사회적 역할이 무엇인지를 잘 보여준 성공한 언론
인이다

인의 본분과 언론의 사회적 역할이 무엇인지를 잘 보여준 성공한 언론
인이다

월트 디즈니

월트 E. 디즈니(1901~1966)
미국의 만화제작자. 만화가

월트 디즈니는 목수이자 농부의 넷째 아들로 태어났다. 아버지의 사업 실패로 디즈니는 공부도 제대로 배우지 못하고, 농사일을 거들며 어린 시절을 보내야만 했다. 그림 그리기를 좋아했던 그는 틈만 나면 석탄 조각으로 농장의 가축들을 즐겨 그렸다.

그런데 디즈니가 즐겨 그린 동물은 바로 쥐였다. 그는 생쥐를 그리면서 무한한 상상을 하곤 했다. 그는 손가락이 아프도록 생쥐 그림을 그릴 때만큼은 너무도 환상 같은 시간을 보낼 수 있었다.

디즈니는 광고대행사에서 일하면서 영화 간판부터 카다로그를 위한, 그림들을 그리며 영화제작에 관한 기초적인 기술을 익혔다. 1922년 디즈니는 '래프 오 그램'이라는 정식 회사를 설립하고, 단편 만화영화를 제작했다. 새로운 주인공을 내세우지 않고 〈금발의 미녀와 곰 세 마리〉 같은 동화에서 이야기 소재를 찾았다.

하지만 그의 피나는 노력에도 불구하고 흥행결과는 너무도 참담했다. 그는 크게 실망을 했지만, 캔자스를 떠나 형이 있는 할리우드로 가서 형 로이 디즈니와 '디즈니 브라더스'라는 애니메이션 스튜디오를 차리고, 검은 색 토끼 캐릭터 '오스왈드'를 만들어 유니버셜을 통해 배급하여 크게 성공을 거두었다. 이때 그 유명한 '미키 마우스'가 만들어졌다.

미키 마우스는 생쥐를 캐릭터로 한 것으로써 지금도 전무후무한 만화 캐릭터이다. 친근감 있는 미키 마우스는 전 세계 어린이들뿐만 아니라 어른들까지도 매료시켰다. 그리고 1933년 〈아기 돼지 삼형제〉가 만화영화로 만들어져 그에게 엄청난 부와 명성을 가져다주었다. 디즈니는 만화영화를 단순한 오락성으로 보지 않고, 예술적 가치를 지닌 장르로 승화시킨 집념의 만화 제작자였다.

10 빌 게이츠

빌 게이츠(1955~　)
미국 마이크로소프트사 CEO

마이크로소프트 창업자인 빌 게이츠. 그가 컴퓨터와 인연을 맺은 것은, 1967년 레이크사이드에 입학하면서였다. 컴퓨터는 빌 게이츠에게 새로운 세계를 경험하게 하며, 그의 관심을 온통 사로잡았다. 그는 컴퓨터에 깊은 관심을 갖고 중고등학교 시절을 보내고, 1973년 세계 최고의 명문 하버드대학교 법학과에 입학하였다. 그러나 법률공부는 자유로운 사고와 독창성을 지닌 그의 성격과는 잘 맞지 않았다. 그래서 수학과로 옮겨 공부하였지만 역시 마찬가지였다.

그는 오직 컴퓨터만이 자신이 가야 할 길이라고 굳게 믿었다. 그는 공부를 하면서 친구 폴 앨런과 함께 최초의 소형 컴퓨터용 프로그램 언어인 베이직BASIC 을 개발하였다. 그는 대학을 중퇴하고 뉴멕시코 주 앨버커키에 마이크로소프트를 설립하였다. 1981년 당시 세계 최대의 컴퓨터 회사인 IBM에서 퍼스널컴퓨터에 사용할, 운영체제 프로그램 개발을 의뢰받아 성공적으로 일을 완수함으로써 급성장하여 지금에 이르렀다.

빌 게이츠의 경영방식은 매우 독특하고 독창적이다. 그는 전 직원이 자신의 의견과 아이디어를 맘껏 발산할 수 있는 '셰어 포인트'라는 경영 기법을 활용하였다. 이는 열린 경영으로 전 직원에게 애사심을 높여, 자신이 회사의 주인이라는 강한 자부심을 심어줌으로써 직원들의 결속력을 높이고 자긍심을 북돋워 열정적으로 일하게 만들었다.

그 결과 마이크로소프트는 세계 최고 최대의 컴퓨터 회사가 되었고, 빌 게이츠는 가장 신뢰하고 닮고 싶은 CEO로 선정되었다. 또한 빌 게

이츠재단을 설립하고 가난하고 소외받은 사람들을 위해 아낌 없이 후
원하는 등 자선사업가로서 사회적 책임을 다하고 있다.

존 D. 록펠러

존 D. 록펠러(1839~1937)
미국 석유 재벌. 록펠러 재단
설립자

존 D. 록펠러는 고등학교를 마치고 휴이트 앤 터틀이란 곡물회사의 경리로 입사하여 성실한 자세로 열심히 일했다. 그는 20살의 나이에 동료인 모리스 클라크와 함께 '클라크 앤 록펠러'라는 회사를 설립하고 고객을 가족처럼 대하며 생필품과 음식을 판매했다.

그로 인해 많은 돈을 벌었고 이어 석유를 판매하였다. 남북전쟁이 일어나 군수물자의 운송이 필요했고 클리블랜드 인근 타이터스빌에서 유전이 발견되자 석유산업은 순풍에 돛을 단것처럼 급성장을 하였다.

이일로 엄청난 돈을 벌게 되었고 1870년 그의 나이 31살에 자본금 100만 달러로 '스탠더드 오일'을 창업하였다. 그의 사업은 나날이 번창하였지만 그가 만든 철도와 석유사업 사이의 '카르텔'에 가입하기를 반대하는 사업자는 가차 없이 퇴출시키는 전략을 통해 미국 석유시장의 95%를 장악하는 독점자본가가 되었다. 그러자 록펠러의 횡포를 막기 위해 '독점금지법'이 생기게 되었고, 1911년 미국 연방법원은 끝내 스탠더드 오일이 해체할 것을 명령하였다. 그후 석유 독점기업은 34개의 회사로 분할되었다.

독실한 기독교 신자로서 철저한 경건주의를 지향하던 록펠러는 사회에서 지탄을 받는 사람이 되었다. 그러던 어느 날 그는 지금까지는 돈을 버는 데 인생을 소비했다면, 앞으로는 자신의 인생을 가치 있게 살자고 결심했다. 그는 '세계 인류의 복지 증진'이라는 슬로건과 함께 록펠러재단을 설립하고 시카고대학을 설립하는 데 6천만 달러를 기부하

"

였다. 그리고 3억 5,000만 달러를 기부하여 록펠러 의학연구소를 비롯한 다양한 교육재단을 설립했으며 많은 기부활동을 펼침으로써 기부문화 1세대로 기록되었다.

12 정주영

정주영(1915~2001)
현대그룹 창업주, 제14대
국회의원

　대한민국 건국 이래 맨주먹으로 대한민국의 경제역사를 새롭게 쓰며 기적을 이뤄낸 정주영. 1915년 강원도 통천의 가난한 시골에서 태어난 그는 가난이 싫어 고향을 떠나 매서운 현실에 맞섰다.

　그가 처음으로 한 일은 부두 막노동이다. 막노동은 힘든 일이었지만 그는 이를 악물고 했다. 막노동꾼을 벗어난 그는 쌀가게 배달부를 거쳐 쌀가게 주인으로, 자동차 수리업자로 그리고 건설업을 하며 정직과 신용으로 경제적 발판을 마련하며 우리나라 최대기업인 현대그룹 CEO가 되었다. 또한 우리나라 경제계에서 최고의 수장인 전국경제인연합회 회장을 무려 다섯 번이나 연임한 그야말로 우리나라 경제계의 전무후무한 전설이었다.

　"길이 없으면 길을 찾고, 찾아도 없으면 길을 만들며 나가면 된다."

　이는 정주영의 말로 그의 경영철학을 잘 알게 한다. 그에게 불가능이란 없었다. 남들이 "No!" 라고 말 할 때 그는 언제나 "Yes!"라고 말했다. 그는 사람이 할 수 없는 일은 이 세상에 하나도 없다고 믿었다.

　정주영은 우리나라 최초의 사력 댐이자 다목적 댐인 소양강 댐을 건설하였으며, 미포조선소를 건설하고, 20세기 건설사상 세계 최대의 역사라고 불리는 사우디아라비아 주베일 산업항공사 입찰에 자본도 없고 기술력도 부족했지만 미국의 브라운 앤드 루츠, 산타페테 레이몬드 인터내셔널과 영국의 코스테인, 타막, 서독의 보스카리스 등 세계 굴지의 건설회사를 물리치고 공사를 따내는 등 그는 하는 일마다 성공으로 이끌어냈다.

정주영은 불가능을 가능으로 만든 사람이었다. 그가 지금도 회자되는 것은 '무'에서 '유'를 창조한 신념과 불굴의 경영인이었기 때문이다.

13 스티브 잡스

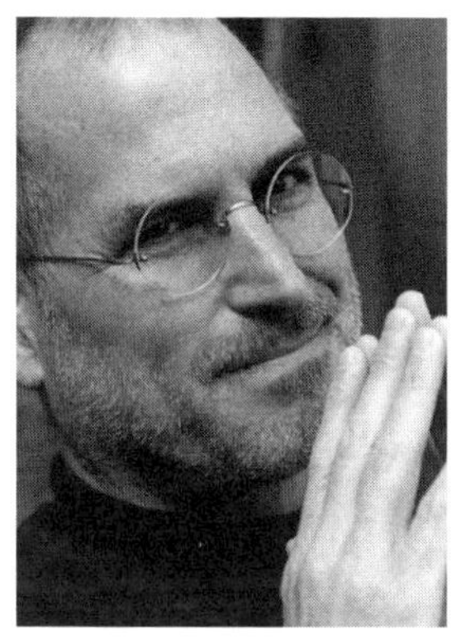

스티브 잡스(1955~2011)
애플창립자. 2009년《포춘》
선정 최고의 CEO

상상력으로 세상을 변화시킨 21세기의 대표적 CEO인 스티브잡스. 애플 사를 설립한 그는 컴퓨터 '애플1'을 만들었다. 비록 세련되지는 못했지만 성능이 뛰어나 그해 말 105대나 판매하는 쾌거를 이뤘다. 이에 자신감을 얻은 그는 디자인과 기능을 바꿔 '애플2'를 만들어냈다.

애플2는 사용이 간편하고 세련미가 뛰어나 판매량이 급등하였다. 그는 이 기회를 놓치지 않고 1980년 기업을 공개하여 한 시간만에 460만 주가 팔려나가는 진기록을 세웠다.

그러나 스티브잡스는 매킨토시 발매 후 판매 저조로 애플에서 추방당하고 말았다. 하지만 실패는 그에게 새로운 도약의 발판을 마련해주었다. 그는 애플을 떠나 있는 10년 동안 컴퓨터 회사 넥스트를 창업하고, 애니메이션 영화사 픽사를 매입하고 애니메이션이 〈토이 스토리〉를 만들었는 데 크게 성공하며 그에게 새로운 도약의 발판이 되었다.

애플이 침체로 위기에 처하자 스티브 잡스에게 경영을 맡아달라고 요청했다. 스티브 잡스는 당당한 모습으로 애플에 입성하여 1998년 그의 탁월한 상상력과 직관력으로 '아이맥iMac'을 출시하여 성공을 거두며 자신의 존재감을 만천하에 확인시켰다. 그리고 2001년에는 '아이팟iPod'을, 2003년에는 '아이튠스 뮤직스토어'를 출시하여 센세이션을 불러일으켰다.

2007년엔 '아이폰iPon'를 출시하여 아이팟 누적 판매대수 1억을 돌파하는 기염을 토하며 사람들을 놀라게 했다. 또 2010년에는 '아이패드

iPad '출시하여 폭발적으로 판매고를 올렸다. 그리고 이듬해인 2011년 엔 '아이패드 iPad 2'를 출시하며 대성공을 거두었다. 그후 애플은 세계 최고 기업으로 우뚝 섰으며, 스티브 잡스는 사후에도 세계 최고 경영자 로 평가받고 있다.

14 하워드 슐츠

하워드 슐츠(1953~)
미국 스타벅스 창업자이자 CEO

세계 제일의 커피회사 '스타벅스'의 CEO인 하워드 슐츠. 그는 노던 미시건 대학을 마치고 제록스에 입사하여 집념과 끈기를 바탕으로 최고의 프로 세일즈맨이 되었다. 그후 스웨덴에 본사를 둔 퍼스토프에 입사하여 퍼스토프가 미국에 세운 가정용품 회사인 해마플라스트의 부사장으로 발령을 받고 일하던 중 스타벅스에 관심을 갖게 되었다.

그는 스타벅스의 경영자인 제리 볼드윈을 설득해 스타벅스에 입사했다. 입사한 지 1년이 지난 어느 날 이탈리아에 가게 되었다. 그는 거리마다 수없이 늘어선 커피숍의 다채로운 모습에 전율이 일만큼 감동하였다.

미국으로 돌아온 슐츠는 이탈리아 스타일을 미국에 도입하는 계획을 세우고, 스타벅스의 경영자들을 설득했지만 실패하였다. 그러자 그는 자신이 직접 커피회사를 경영할 계획을 세우고 투자자를 모집하였다. 수많은 우여곡절을 겪으며 '일 지오날레'를 창업하였으며, 1987년 스타벅스의 CEO가 되었다. 그는 인테리어를 비롯한 음악 등에 세심하게 주의를 기울였다. 또한 바리스타와 매장 직원들은 품격이 다른 서비스로 고객들에게 감동을 주었다.

그로부터 10년이 지난 후 스타벅스는 직원 25,000여 명과 미국과 세계 각지에 17,000여 개의 커피 체인점을 거느린 대규모 커피회사로 성장하였지만, 그는 스타벅스를 떠났다. 그가 떠난 스타벅스는 서서히 내리막길을 걷기 시작했다. 그는 2008년 글로벌 금융위기와 주가폭락으로 심각한 위기에 빠진 스타벅스를 구하기 위해 다시 경영을 맡아, 3년

만에 흑자로 돌려놓았다. 하워드 슐츠는 참된 기업이란 무엇이며, 참경
영이란 무엇인가를 온 몸으로 보여준 이 시대 최고의 감성 CEO이다.

만에 흑자로 돌려놓았다. 하워드 슐츠는 참된 기업이란 무엇이며, 참경
영이란 무엇인가를 온 몸으로 보여준 이 시대 최고의 감성 CEO이다.

15 워렌 버핏

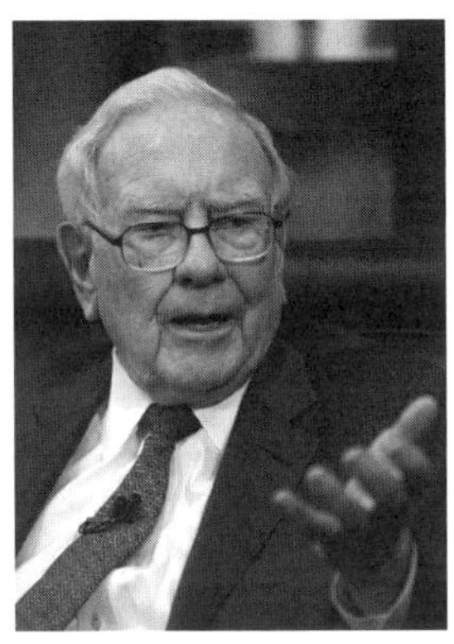

워렌 버핏(1930~)

워렌 버핏이 많은 이들에게 회자되는 이유는 그가 억만장자이자 버크셔 헤더웨이의 최고 경영자이기 때문만은 아니다. 그는 사회지도층으로서 노블리스 오블리제 실현이 무엇인지 보여주었다. 그는 재산의 85%인 370억 달러를 빌 게이츠 재단에 기부하겠다고 공언했다.

워렌 버핏은 빌 게이츠와 더불어 미국뿐만 아니라 전 세계의 부자들과 만나 기부를 권유하며 기부문화를 활성화시키는 데 앞장서고 있다. 그에게 기부는 인생의 목표이자, 의지, 신념처럼 보인다.

워렌 버핏은 전 세계적으로 주식의 귀재 혹은 주식계의 살아 있는 전설로 불린다. 그의 능력은 가히 독보적이다. 하지만 그는 자신이 많은 재산을 모을 수 있었던 것은 자신의 능력이 출중했기 때문만은 아니라고 고백한다. 그는 사회의 덕을 본 것이라며 겸손을 표했다. 대부분의 부자들은 자신의 성공에 대해 자신의 출중한 능력을 과시하며 자랑하기 바쁘지만, 워렛 버핏의 겸손은 그를 돋보이게 한다.

워렌 버핏은 스스로도 자신의 인생을 만족해하며 살고 있다. 많은 이들에게 돈의 가치관을 일깨워주며 행복한 여생을 보내고 있다. 사람들은 그를 '오마하의 현인'이라고 부른다. 현인은 대개 유명한 철학자나 사상가, 종교인을 지칭하는 수식어이다. 기업가인 그에게 현인이라는 말을 붙인다는 것은 그만큼 그를 존경함을 의미한다.

워렌 버핏은 자신이 하는 일과 기부문화운동은 모두 자신이 좋아서 하는 일이라고 밝혔다. 그는 자신이 좋아하는 일을 통해 능력을 발휘했고 성공을 이끌어 냈다. 그는 평범한 진리에서 성공을 일궈 낸 꿈의 실현자이다.

16 잭 웰치

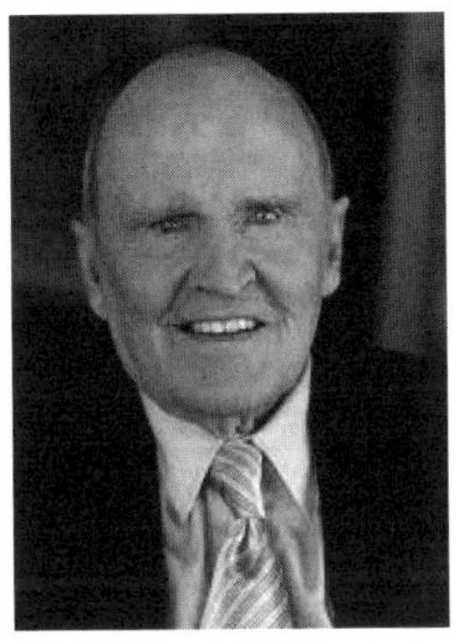

잭 웰치(1935~2020)
제너럴 일렉트릭 CEO. 대표

미국 제너럴 일렉트릭의 최고 경영자를 역임한 잭 웰치를 사람들은 '세기의 경영인'이라고 일컫는다. 이 말은 미국의 경제 전문 잡지 《포춘》에서 잭 웰치를 세기의 경영인이라고 지칭한 데서 유래되었다. 잭 웰치가 뛰어난 경영인이 될 수 있었던 것은 그가 인재 육성과 교류에 힘썼기 때문이다.

그는 자신의 경영방침을 뒷받침할 인재양성에 공을 들였는데, 직원들뿐만 아니라 경영진들에게도 교육을 실시하였다. 또한 그는 인사결정에 있어 조직문화에 적합한 사람인지 아닌지를 매우 중요하게 생각했다. 조직문화가 잘 유지되려면 구성원들의 적응이 무엇보다 중요하다. 개인적으로 아무리 능력이 뛰어나도 조직에 적응하지 못하면 조직을 와해시킬 수 있기 때문이다.

잭 웰치는 자신의 생각을 실천하는 데 장애가 되는 관료주의나 낡은 경영방식은 과감하게 몰아냈다. 대신 진보적이고 새로운 방식을 도입해 자신만의 스타일로 경영방식을 만들어 나갔다. 마침내 그의 경영방식은 제너럴 일렉트릭을 성장시키는 데 성공했고, 이전의 모습과는 전혀 다른 기업으로 발전하게 되었다.

그가 20년 동안 최고 경영자로 재임한 것만 보더라도 그의 능력이 얼마나 출중한지를 알 수 있다. 그는 자신의 생각을 실천으로 옮기는 데 한치의 망설임도 없었고 적극적인 자세로 자신의 미래를 설계했던 것이다. 이처럼 잭 웰치는 어느 한 가지 문제를 해결하는 데도 다양한 관점으로 살피며 방법을 모색했다.

허브 켈러히

허브 켈러허(1931~)
미국 사우스웨스트 항공사
창립자이자 CEO

"인간은 직위가 아니라 존재, 그 자체로서 존경해야 한다."

미국 사우스웨스트 항공사의 창립자이자 CEO을 지낸 허브 켈러허의 말이다. 그는 자신의 말처럼 사람의 존재 자체를 중요하게 생각한다. 회사의 임원은 물론 말단 직원에 이르기까지 그는 편차를 두지 않고 대했다.

또 그는 직위. 학력, 혈연, 지연 등에 연연해하지 않았다. 공정함과 인격의 존중을 기업경영의 원칙으로 삼았다. 그의 열린 경영방식은 임직원들에게 깊은 감명을 주었고 자신을 아끼고 존중하는 경영자와 회사를 위해 열정을 바치는 것으로 화답했다. 그 덕에 사우스웨스트 항공사는 뛰어난 실적을 올리며 성공가도를 달릴 수 있었다.

허브 켈러허의 사람을 먼저 생각하는 경영방식은 색다른 기업문화를 창조하였다. 사우스웨스트 항공사의 직원들은 복장이 자유로우며 주기적으로 파티를 열기도 한다. 승무원들은 밝고 유머를 즐기는 자세로 승객들을 편안하게 해순다. 승무원들은 승객들에게 안전수칙을 일릴 때도 스탠드업 코미디를 활용해 재미를 주고 있다.

이처럼 허브 켈러허는 임직원들의 경직된 사고와 자세를 풀어줌으로써 긴장감을 완화시키고, 그들이 창의적으로 업무에 임할 수 있도록 적극 지원하였다. 자율성을 지나치게 강조하다 보면 마음이 느슨해질 수도 있다. 그럼에도 그는 직원들을 믿고 맡겼다. 자신을 믿어 주는 경영자를 곤경에 빠트릴 직원은 없다는 생각에서였다. 허브 켈러허의 최대의 장점은 사람의 마음을 읽어 내는 능력이다. 이는 리더가 갖추어야 할 제일의 덕목이다. 그는 공정함과 인격의 존중을 기업경영의 원칙으로 삼은 성공한 경영자로 평가받는다.

19 레이먼드 크록

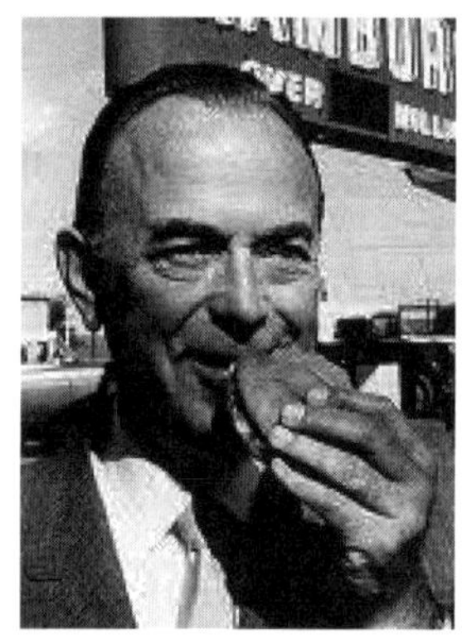

레이먼드 크록(1902~1984)
맥도날드 창업자

세계적인 패스트푸드 프랜차이즈 맥도날드 창업자인 레이먼드 크록은 고등학교를 중퇴하고 군에 입대해 제1차 세계대전 동안 구급차 드라이버의 훈련 위생대에 소속으로 근무했다. 군에서 제대한 그는 종이컵 판매를 하고, 재즈 연주가로 밴드 활동을 하였다. 그후 그는 주방용품 회사에 들어가 영업자로 활동하며 1941년 5종류의 밀크 세이크를 동시에 만드는 멀티 믹서기의 독점 판매권자가 되었다.

1954년 크록은 출장 중 캘리포니아 샌버너디노에서 햄버거 가게에 들렸는데, 거기서 맥도날드 형제를 만나게 되었다. 리처드 맥도날드와 모리스 맥도날드가 레스토랑에 자사의 믹서기를 여러 대 들여놓은 걸 보고 놀랐다. 게다가 크록을 더욱 놀라게 한 것은 5개의 믹서기마다 8개의 배터리가 연결되어 한 번에 40여 가지의 딸기 우유 믹스 음료가 만들어진다는 사실이었다.

순간 크록은 번쩍하며 아이디어를 떠올렸다. 크록은 맥도날드 형제를 설득하여 프랜차이즈 권리를 따냈다. 1955년 크록 일리노이 주 디플레인스에 첫 프랜차이즈점을 열었다. 그러자 가게는 손님으로 넘쳐났다. 크록은 잇달아 지점을 개장하였다.

1961년 크록은 맥도날드 형제에게 2,700만 달러를 주고 맥도날드 상권을 인수해 독자적으로 경영하게 되었다. 그렇게 되자 크록은 더욱 박차를 가하며 경영에 매진할 수 있었다. 그리고 1965년에 상장하였다. 1967년 크록은 전 세계를 목표로 하여 해외 시장을 개척하기 시작했다. 그러자 해외 시장은 급속도로 성장세를 보이며 확장되었다. 맥도날드는 93국에 진출하여 4만여 개의 매장을 갖게 되었다. 크록은 최고 경영자로 능력을 최대한 끌어 올려 맥도날드를 최고의 프랜차이즈로 만든 패스트푸드계의 전설이 되었다.

20 루이 비통

루이 비통(1821~1892)
프랑스 패션 디자이너이자
루이 비통 창립자

　샤넬, 에르메스 등과 함께 세계 3대 명품 브랜드의 하나인 루이 비통 기업은 1854년 루이 비통에 의해 창업되었다. 가난한 농부의 아들로 태어난 루이 비통은 가방을 만드는 회사의 견습생이었는데, 어느 날 바닥이 평편하고 밀폐된 여행용 트렁크를 만든 것이 시초가 되었다. 바닥이 평편한 트렁크는 여행할 때 마차에 싣기가 매우 용이해 사람들에게 큰 인기를 끌며 성황리에 판매되었다. 생각의 발상이 가져다 준 놀라운 결과였다.

　루이 비통은 1867년 파리에서 열린 만국박람회에 참가하였다. 루이 비통은 가짜가 난립하자 모조품과 차별화를 꾀하기 위해 베이지와 갈색 줄무늬색으로 디자인을 바꿨다. 그러자 모조품에서 루이 비통을 지켜내며 더욱 성장세를 이뤄나갔다. 1885년 루이 비통은 영국 런던 옥스퍼드에 첫 해외 매장을 열었다. 그러자 루이 비통을 모방하는 회사들이 늘어났다. 이에 루이 비통은 1888년 상표등록을 하였다. 그리고 '다미에 캔버스'를 런칭했다.

　1892년 루이 비통은 회사를 창업하였는데 그가 세상을 떠나자 아들인 조르주 비통이 경영권을 물려받았다. 조르주 비통은 세계 최초로 모노그램 무늬를 이용했다. 또 그는 루이 비통의 이니셜인 L과 V, 꽃과 별의 조합은 고안했다. 그로인해 왕족을 비롯한 귀족들에게 큰 인기를 끌며 주목받았다. 조르주 비통은 본격적으로 의류 제작을 시작하였으며. 첫 컬렉션을 열어 사람들의 호평을 받았다. 그후 승승장구하며 루이 비통은 세계에 진출하였다. 그리고 선풍적인 인기를 끌며 발전에 발전을 거듭하였다.

1987년 루이 비통은 모에 헤네시 사와의 합병으로 'LV 모에 헤네시 그룹'을으로 탄생되었으며, 루이 비통은 세계 패션시장을 더 한층 주도하게 되었다. 루이 비통은 세계 74개 국가에 진출하여 약 500개에 이르는 매장을 갖고 있는 패션계의 세계적인 기업으로 거듭나고 있다.

21 필립스

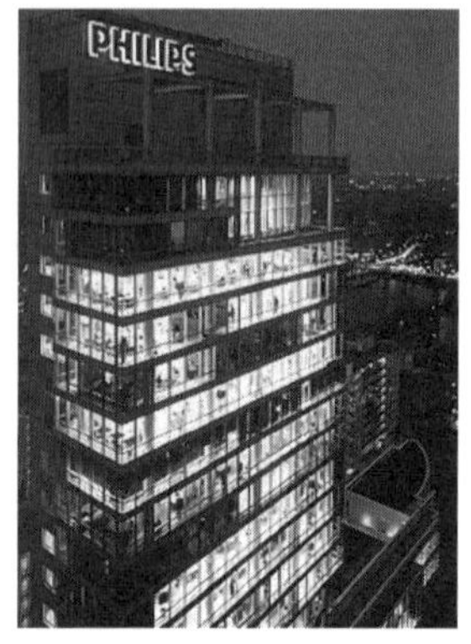

코닌클리케 필립스
네덜란드의 다국적 의료기업

GE, 지멘스와 함께 세계 3대 의료기기 제조업체인 코닌클리케 필립스는 네덜란드의 암스테르담에 본사를 둔 다국적 의료기업이다. 필립스는 1891년 제랄드 필립스가 네덜란드 에인트호번에 설립하였다. 초기에는 백열등과 전기기기 장비를 생산했다. 그러다 1920년대에 들어서는 진공관 등의 제품을 생산하였다.

1927년 필립스는 영국 진공관 제조업체인 멀라드를 인수하고, 1932년에는 독일 진공관 제조업체인 발보를 인수했다. 그리고 1939년부터 전기 면도기인 필립쉐이브를 발표했다.

필립스는 독일이 네덜란드를 침략할 거라는 정보를 입수한 후 미국으로 갔다. 그리고 미국에서 경영하던 필립스는 계속해서 경영하였다. 전쟁이 끝난 후 필립스는 네덜란드로 돌아가 새롭게 정비하고 생산에 들어갔다. 그러자 매출은 빠르게 늘기 시작했고 성장세는 지속되었다. 필립스는 1963년 콤팩트 카세트 테이프를 생산하여 큰 성과를 이뤘다. 그리고 1982년에는 소니와 협력하여 콤팩트 디스크를 개발하었다. 1991년 회사 이름을 필립스 일렉트로닉스 N. V로 바꿨으며, 1997년 회사 이름을 로얄 필립스 일렉트로닉스 N. V로 변경하였다.

그후 필립스는 2005년 반도체 파트를 분리하고, 2006년 칩 제조사인 세미컨덕터를 매각하였다. 이는 필립스가 새롭게 혁신을 시도하는 데 있어 중요한 일이었다. 2006년 필립스는 새롭게 설립한 반도체 기업의 이름을 NXP반도체라고 발표하였다. 그리고 필립스는 회사 이름에서 일렉트로닉스를 빼고 코닌클리케 필립스로 명명하였다.

현재 필립스의 해외 기업은 미국과 오스트레일리아, 영국, 인도, 폴란드를 비롯해 멕시코 등에 분포되어 있다. 필립스가 주력하는 제품으로는 가정용 가전제품과 의료 시스템 제품이다. 필립스는 네덜란드의 대표 기업으로 세계적으로 평가받는 최첨단 글로벌 기업이다.

22 다임러 벤츠

고틀리프 다임러
(1834~1900)
독일 기계공학자이자
다임러벤츠 창립자

고급차의 대명사로 불리는 벤츠. 벤츠를 만드는 다임러 벤츠는 1926년 카를 벤츠에 의해 창업된 자동차회사와 고틀리프 다임러가 창업한 자동차회사가 통합하여 만든 세계적인 자동차회사이다. 본사는 독일 슈투트가르트에 있다. 1926년 통합하여 만든 다임러 벤츠는 메르세데스 S 시리즈를 설계하여 최초로 승용차에 디젤 엔진을 장착하고 1936년 본격적으로 판매를 시작했다.

자동차는 큰 인기를 끌며 판매되었고, 그런 만큼 매출액 또한 가장 많은 자동차회사로 성장하였다. 다임러 벤츠는 세계 각국으로 수출되었으며 품격 있는 자동차의 상징으로 떠올랐다. 차량 가격이 고가임에도 멋스러움과 탄탄한 자동차로 각광받으며 급성장을 이루며 세계 자동차시장을 장악하였다.

다임러 벤츠는 1980년대에 들어 전기설비, 터빈엔진, 레이더를 제조하는 아에게와 항공우주 상품을 비롯한 의료기기를 제조하는 도르니어와 항공기 엔진을 생산하는 모토렌투르비넨우이론 등을 인수해 첨단기술 분야로 확장시켰다. 그러나 1990년대에 들어 이들 계열사를 매각하고 구조조정을 단행하였다. 1987년 다임러 벤츠는 미국 크라이슬러와 합병하여 회사명을 다임러 크라이슬러로 하였다. 그러나 2007년 다임러 크라이슬러는 다시 다임러 벤츠와 크라이슬러로 분리되었다. 그리고 다임러 벤츠는 회사 이름을 다임러 AG로 바꿔 오늘에 이르고 있다.

벤츠를 일컬어 자동차 최초의 기록이라고 불린다. 최초의 가솔린 자동차와 최초의 디젤 승용차를 비롯해, 최초의 트럭과 버스를 개발하였다. 또한 1930년 강화 측면 보호대와 안전도어 잠금장치를 자동차업계에선 최초로 개발하였다. 1951년에는 충돌사고 때 엔진이 밀려 운전자에게 충격을 주는 것을 막는 안전장치를 개발해 특허를 내는 등 자동차의 세계적인 명가를 이루었다.

뱅크 오브 아메리카

아마데오 피에트로
지아니니(1870~1949)
미국 거대 은행가

지금으로부터 114년 전 콜럼버스 저축조합의 중역회의가 열렸다. 그 자리에 참석한 사람들은 한 남자가 하는 말에 귀를 기울이고 있었다. 그만큼 그의 말에 관심이 많았던 것이다.

"미국 시민 누구나 은행업무에 대한 자격이 있습니다. 또한 은행은 누구에게나 서비스를 제공할 의무가 있습니다. 그럼에도 불구하고 우리 조합은 대중들과의 소통을 소홀히 하고 있습니다. 저는 여러분과 작별하고 앞으로 대중을 위한 은행을 만들겠습니다."

남자는 이렇게 말하고 자리에서 일어났다. 그리고 그는 자신이 계획하는 은행을 설립하기 위해 분주히 움직였다. 은행 설립 계획을 마친 남자는 드디어 은행을 설립하였다. 은행 이름은 '뱅크 오브 이탈리아'였다.

은행을 설립한 그는 자신의 은행을 사람들에게 적극적으로 홍보하였다. 남자의 홍보에 사람들의 반응은 뜨거웠다. 특히 서민들이나 가난한 이민자들의 반응은 놀랄 정도였다. 은행 창구엔 날마다 많은 사람들로 북적거렸다. 그동안 은행은 사신들과는 상관 없는 줄로민 알고 은행 문턱에도 가지 않았는데, 자신들의 눈높이에 맞춰주는 은행이 생기자 반응은 기대 이상이었다.

하루가 다르게 은행은 발전에 발전을 거듭하였다. 이 소식은 미국 전역에 삽시간이 퍼졌고, 남자의 경영철학은 많은 사람들 사이에 회자되었다. 은행 설립 1년만에 놀라운 실적을 이뤄냈다. 이 은행은 '뱅크 오브 아메리카Bank of America'로 거듭났으며, 뱅크 오브 아메리카는 굴지의 은행으로 미국을 대표하는 초대형 은행이다. 이 남자의 이름은 아마데

오 피에트로 지아니니다. 지아니니는 문턱의 높이를 낮춘 은행을 설립
함으로써 금융계의 거물이 되었다.

오 피에트로 지아니니다. 지아니니는 문턱의 높이를 낮춘 은행을 설립
함으로써 금융계의 거물이 되었다.

24 로스차일드 가문

로스차일드 가문 문장

로스차일드 가문은 독일 유대계로 국제적인 금융재벌이다. 로스차일드 가문은 대대로 프랑크푸르트의 유대인 지역인 게토에서 고물상을 했다.

마이어 암셀 로스차일드의 아버지는 마이어를 랍비로 키우기 위해 유대신학교에 보냈으나 부모가 세상을 떠나자 그만두고 유대인이 경영하는 오펜하임 은행의 견습생이 되었다. 이후 마이어는 20살 때 오펜하임 은행을 그만두고 화폐 수집상이 되었다.

그는 싼값에 옛날 화폐를 사들여 귀족들에게 비싼 값으로 팔았다. 그러던 중 프로이센 프리드리히 대왕의 아들인 빌헬름 공과 직거래를 하게 되었다. 마이어는 빌헬름 재정담당에게 부탁해 런던의 환어음을 현금화하는 사업을 벌였다. 그리고 국가의 재정에도 관여하게 되었다.

1785년 빌헬름이 왕위에 오르자 그 위세는 더욱 커지고 많은 부를 쌓았다. 마이어는 빌헬름 9세가 영국에서 용병대금으로 받은 수표를 현금화함과 동시에 영국에서 구입한 면제품 대금으로 지불하였다. 나아가 주식과 채권에도 투자하여 막대한 이익을 남겼다. 빌헬름 9세는 마이어에게 돈을 맡기고 마이어는 그의 재산을 관리하였다. 마이어는 각국에 금융 네트워크를 구상하고 암셀, 잘로몬, 네이선, 카를. 야코프 등 다섯 아들에게 일을 맡겼다.

암셀은 프랑크푸르트에 남아 후계자로 삼고 잘로몬은 오스트리아 빈에, 네이선은 영국 런던에, 카를은 이탈리아 나폴리에, 야코프는 프랑스 파리로 보냈다. 다섯 아들은 아버지 마이어의 뜻을 성공적으로 완수하여 막대한 부를 축적하였다. 로스차일드 가문은 세계 최대의 재벌이 되었다. 창업한 지 300년이 지난 지금도 여전히 금융계의 전설을 쓰고 있다. 또한 석유, 호텔, 백화점 등 다양한 분야까지 진출해 명성과 전통을 이어가고 있다.

25 KFC

커널 센더스(1890~1980)
미국 기업가이자 KFC 창립자

미국의 패스트푸드의 글로벌 체인점인 KFC는 1930년 커널 센더스에 의해 창업되었다. 본사는 캔터키 주 루이빌에 있으며, 현재 전 세계적으로 약 2만 7천 개의 매장을 가지고 있다. KFC는 프라이드 치킨, 햄버거, 감자 튀김, 비스킷 등 다양한 메뉴를 제품으로 판매하며 맥도널드, 버거킹과 어깨를 나란히 하며 트로이카를 이룬다.

캔터키에서 치킨을 튀겨 팔던 커널 센더스가 피터 허먼과 함께, 1952년 유타 주 솔트레이크시티에 프라이드 치킨이란 상호로 첫 매장을 오픈하였다. 1964년 켄터키 프라이드 치킨은 200만 달러에 매각되어 여러 차례 매각을 거듭하다 1986년 펩시코가 인수하였다. 펩시코는 브랜드를 KFC로 바꿔 경영하였다. 그리고 1997년 KFC는 트라이콘이란 이름으로 독립하였으며 2002년 얌! 브랜즈로 이름이 바뀌었다. 1984년 KFC는 두산그룹과 합작으로 한국에 진출하여 오늘에 이르고 있다.

KFC는 치킨에 11가지 비밀 양념이라 불리는 특별한 양념 재료를 사용하고 있는데 이 양념은 창립자인 커널 샌더스가 개발한 양념이다. 주요 제품을 보면 첫째, 치킨 종류에는 트위스터, 오리지널 치킨, 핫크리스피 치킨, 텐더 스트립스, 핫윙이 있으며 둘째, 버거 종류에는 치즈 그릴 버거, 치킨 바베큐버거, 징거 버거, 핫치즈 징거 버거, 타워 버거, 징거 더블 맥스, 브랙라벨 클래식버거, 빨간맛 버거, 오리지널 버거 등이 있다. 셋째, 감자 튀김, 타르트, 청량음료, 셀러드, 샌드위치, 디저트 등 다양한 제품으로 구성되어 있다.

특히 창립자인 커널 센더스의 비밀 양념을 이용해 만든 '오리지널 치킨'이 대표적인 메뉴로 고객들의 입맛을 사로잡고 있다. KFC는 2008년부터 채식주의자들을 위한 샌드위치를 파는 등 고객을 위한 고품격 서비스를 위해 노력하고 있다.

26 구찌

구찌오 구찌(1881~1953)
이탈리아 패션 디자이너이자
구찌 창업자

이탈리아 명품 브랜드인 구찌는 1921년 구찌오 구찌에 의해 창업되었다. 구찌의 주요 제품으로는 가방, 시계, 액세서리, 의류 등 다양하며 프랑스 유통기업인 케어링이 소유하고 있다. 창업자 구찌는 1900년 초반 영국 런던에서 호텔 지배인으로 근무하였다. 그는 호텔을 출입하는 귀족 등 상류층 사람들을 통해 영감을 받고 아이디어를 구상하였다.

그들이 하고 있는 액세서리, 가방, 옷 등을 보며 자신이 직접 만들어보고 싶다는 생각을 하였다. 마음의 결심이 서자 그는 지배인 자리를 그만두고 귀국하여 스스로 디자인한 여행가방과 액세서리 등을 만들기 시작했다. 자신이 만든 제품이 사람들에게 좋은 반응을 보이자, 그는 1921년 피렌체에 의류기업을 창업하였으며 갖가지 가죽제품을 생산하였다. 그러자 그의 제품은 날개 돋친 듯 팔리며 그의 명성은 날도 더해만 갔다.

1938년 구찌는 로마로 사세를 넓혔다. 처음에는 구찌 혼자 하던 사업은 가족 모두가 동참하였고, 일급 직원들을 고용하였다. 1951년 구씨는 밀라노에 매장을 열었으며, 그로부터 2년 후 미국 뉴욕 주 맨하튼에 매장을 열었다. 그후 구찌는 한국을 비롯해 전 세계적으로 매장이 오픈되었으며 고객들에게 사랑받는 브랜드로 굳게 자리 잡았다.

구찌는 빈틈 없는 철저한 이탈리아 장인정신과 철두철미한 서비스정신과 모던한 감각의 클래식한 디자인, 시대의 흐름에 맞는 기술혁신과 유행을 주도하는 마케팅 전략 등으로 세계 시장을 주도하고 있다. 구찌의 주요 핵심 인물로는 CEO 마르코 비자리를 비롯해 수석 디자이너 알렉산드로 미켈레 등이 주도하며 글로벌 패션기업으로 거듭나고 있다.

도미노 피자

톰 모너핸(1937~)
미국 기업가이자 도미노 피자
창업자

도미노 피자는 미국의 피자 배달 전문 브랜드로 1960년 톰 모너핸에 의해 창업되었다. 본사는 미국 미시간 주 입실런티에 있다. 도미노 피자는 현재 92개국에 1만 8천 개가 넘는 매장을 보유한 글로벌 요식기업이다. 연간 피자 판매 수는 약 12억 판이 넘는다.

창업자 모너핸은 미시간 주 입실런티에서 도미닉스 피자를 인수하여 개업했다. 그는 폭스바겐 비틀을 이용해 배달하는 배달 서비스는 고객들의 환심을 사기에 충분했다. 직접 매장에 가지 않고 주문해서 먹는 피자의 매력은 고객에게는 최상의 서비스와 같았기 때문이다.

소문은 빠르게 퍼져나갔고 가게는 어느덧 3개의 매장이 되었다. 1965년 모너핸은 가게 이름을 도미노 피자로 바꾸었다. 모너핸은 1967년 프랜차이즈 사업을 본격적으로 시작하였다. 그후 1983년 캐나다 위니펙에 해외 1호 매장을 오픈하였다. 도미노 피자는 세계 각국에 매장을 오픈하는 등 나날이 그 유명세를 이어갔다.

대한민국에는 1990년 첫 매장으로 서울시 송파구 오금점이 오픈되었다. 이후 1999년 100호점을 오픈하였으며, 2003년에는 200호점을, 2008년에는 300호점을 오픈하였으며 지금은 500개가 넘는 매장을 오픈하였다. 도미노 피자는 업계 최초로 ISO 2000 인증을 받았다.

ISO 인증이란 'IT 조직이 업무 관리의 모범 사례로 활용할 수 있도록 정의한 IT 서비스 관리의 국제인증표준'을 말한다. 영국 표준이었던 BS 15000을 국제표준화기구에서 표준화한 것이다.

도미노 피자는 ISO 2000 인증을 받음으로써 공신력을 높일 수 있었다. 도미노 피자는 2011년부터 최상의 서비스를 제공하기 위한 일환으로 '우리는 그 피자를 안다. 도미노 피자'를 이란 슬로건을 걸고 고객 서비스에 만전을 가하고 있다.

28 코카 콜라

존 펨버턴(1831~1888)
미국 의사이자 생화학자

전 세계 200여 개 국가에 진출해 사랑받는 코카 콜라는 1886년 미국 조지아 주 애틀랜타에서 약국을 운영하던 약사 존 펨버턴에 의해 만들어졌다. 그는 코카의 잎, 콜라의 열매를 비롯해 카페인 등을 원료로 하여 청량 음료를 만들어 약국에서 판매했으나 반응은 그리 좋지 않았다고 한다. 그는 약제 도매상인 에이서 캔들러에게 제조와 판매 등의 모든 권리를 헐값에 넘겨주었다.

1919년 에이서 캔들러는 회사를 설립하고 본격적인 생산에 들어가 판매를 시작했다. 현재 코카 콜라병은 유리병을 만드는 공장직원이었던 루드가 디자인한 것으로 코카 콜라의 상징이 되었다. 코카 콜라는 제2차 세계대전 중에 매출이 급격히 늘어났다. 이후 코카 콜라는 미국의 상징이 되었으며 200여 개 국가에서 인기를 끌며 음료 제품의 1위를 유지하고 있다. 코카 콜라의 브랜드 가치는 약 750억 달러로 음료제품 기업으로는 대단한 수치로 평가받고 있다.

코카 콜라가 세계 최고의 음료회사로 발선할 수 있있딘 몇 가지 요인이 있다.

첫째, 코카 콜라 컴퍼니는 원액과 시럽을 생산판매하고, 그것을 코카 콜라의 완제품을 판매하는 각국에 있는 코카 콜라 회사에서 완제품을 생산하고 판매하는 전략을 취함으로써 판매실적을 쌓는 것이다.

둘째, 갖가지 이벤트 날에 맞는 마케팅 전략으로 판매매출을 올리는 정책을 시행하는 것이다.

셋째, 코카 콜라 컴퍼니는 세계 야생생물 보호기금을 마련하는 마케팅 전략으로 뚜껑에 코드 번호를 입력하여 문자로 보내면, 그에 따른 일정액을 정립하여 기부하였다. 이를 코즈 마케팅이라고 하는데 기업의 사회적 책임을 다하는 상징성을 담고 있어 기업 이미지를 좋게 함으로써 매출에 큰 도움이 되었다.

이러한 코카 콜라 컴퍼니의 판매전략은 코카 콜라의 성장의 원동력이 되었으며, 코카 콜라는 130년의 역사를 이어가는 글로벌 기업으로 우뚝 솟았다.

29 제록스

체스터 칼슨(1906~1968)
미국 발명가이자 물리학자,
특허 변호사

프린터로 유명한 제록스는 1906년 조지 시저에 의해 뉴욕 주 로체스터에 헬로이드 포토 그래픽 컴퍼니라는 이름으로 설립되었다. 그후 1958년에 헬로이드 제록스로 사명을 바꿨다가 1961년 제록스로 다시 바꿔 오늘에 이르고 있다. 제록스의 주요 제품으로는 IT 서비스 및 복사기, 프린터, 디지털 생산 인쇄기 등의 사무용품으로 전 세계적으로 제록스의 제품이 널리 사용되고 있다.

제록스는 인쇄지 시장이 침체됨으로써 위기를 맞았으나 조셉 윌슨이 사장으로 취임하였다. 그는 위기에 처한 회사를 위해 동분서주하던 중 1946년 체스터 칼슨이 발견한 원리를 이용해 바텔연구소가 연구개발에 박차를 가하던 '전기사진술'연구에 대해 알게 되었고, 막대한 자금을 투자하였다.

1959년 마침내 최초의 종이 복사기인 제록스 914는 나오자마자 사람들의 주목을 끌며 널리 알려졌다. 1961년 한 해에만 6천만 달러의 매출을 올렸다. 그리고 1965년에 이르러서는 5억의 매출을 올렸다. 그리고 1962년 제록스는 일본 후지필름과 5:5 합작으로 후지 제록스를 설립했다.

제록스는 날로 번창하여 95%의 시장 점유율을 갖게 되었다. 하지만 1972년 미국 반독점 양대기구 가운데 하나인 연방거래위원회가 제동을 걸고 나섰다. 1975년 제록스가 소유하고 있던 1,700여 개의 복사기 특허권을 다른 복사기 기업들도 사용할 수 있게 되었다. 1982년 제록스 시장 점유율은 13%까지 떨어졌다. 2001년 나락으로 떨어져 풍전등화와 같은 제록스의 새로운 경영자가 된 앤 멀케이는 혼신을 다해 새로운 프로젝트에 매진하여 노력을 기울인 끝에 성과를 이뤄냈으며, 2009년 우르술라 번스에게 CEO를 넘겨주고 지금에 이르고 있다.

30 이케아

잉그바르
캄프라드(1821~1892)
스웨덴 기업가

스웨덴의 가구 제조기업인 이케아는 1943년 잉그바르 캄프라드에 의해 창업되었다. 현재 이케아 본사는 네덜란드에 있다. 이케아 홀딩 B. V가 모기업이며 이케아 가구를 만드는 스웨드우드가 이케아의 중심을 이룬다. 가구 일체의 디자인 및 제품개발은 이케아 스웨덴에서 전적으로 진행한다. 이케아 홀딩 V. A는 네덜란드에 있는 스티칭 이케아 재단이 맡고 있다.

이케아는 대한민국, 미국, 독일, 캐나다, 터키, 프랑스, 벨기에, 체코, 러시아, 태국 등 54개 국가에 약 370여 개의 매장이 있다. 이케아의 주요 제품으로는 야외용 가구, 침대, 매트리스, 소파, 다양한 수납장, 테이블, 조립용 공구, 어린이 가구 등 총 9,500여 개가 있다.

이케아가 오는 날의 거대한 가구회사로 발전할 수 있는 데에는 기발하고 똑똑한 마케팅 전략에 있다. 이케아 창업자 잉그바르 킴프라드는 신혼부부들이 비싼 가구를 사는 데 어려움을 겪는 데서 중요한 아이디어를 착안하였다. 그는 좋은 품질을 저렴한 가격에 공급할 수 있는 방안을 찾아낸 것이다.

그의 주요 방안은 다음과 같다.

첫째, 외곽에 매장을 둠으로써 임대비용을 절감한다.

둘째, 가구는 조립형으로 하여 물류비용을 절감한다.

셋째, 고객으로 하여금 조립된 샘플 가구를 보고 직접 골라 자신의 차로 가져감으로써 배달비용을 절감한다.

넷째, 고객이 직접 가구를 조립함으로써 생산자와 판매자의 비용을 절감한다.

다섯째, 마진율은 낮지만 박리다매를 통해 매출전략을 펼쳤다.

이 다섯 가지를 전략으로 하여 이케아는 회사를 경영하고 있다. 이케아는 독특한 마케팅 전략으로 세계 각국을 공략하며 크게 성장하여 글로벌 가구회사로 거듭나고 있다.

CHAPTER
5

인생의 지혜를 배우다
― 동양 사자성어―

간담상조 肝膽相照

간과 쓸개를 꺼내 보이다
: 서로의 마음을 터놓고 격의 없이 친하게 사귐을 일컫는 말이다.

– 한유韓愈의 〈유자후묘지명柳子·厚墓誌銘〉

당송 팔대가의 한 사람인 당나라의 문인 유종원柳宗元이 유주자사로 발령이 났다. 그런데 그때 그의 절친한 친구인 유우석劉禹錫도 좌천되어 파주자사로 발령이 났다. 파주귀주성 준의현 는 멀리 떨어진 척박한 고장이었다. 여든이 넘은 노모를 모시고 있는 유우석은 어머니를 모시고 갈 수 없는 곤란한 상황에 처하게 되었다. 이런 사정을 알게 된 유종원은 눈물을 흘리며 말했다.

"그 친구가 힘들어 하는 것을 차마 볼 수가 없구나. 조정에 상소를 올려 내가 갈 유주자사와 그가 갈 파주자사를 서로 바꾸게 해달라고 간청을 해야겠다. 이일로 말미암아 내가 죄를 입어 죽는다고 해도 원망하지 않을 것이다."

마침 배도裵度가 유우석의 이런 사정을 황제에게 아뢰어 유우석은 연주자사로 가게 되었다. 당성 팔대가의 한 사람인 한유韓愈는 〈유자후묘지명柳子厚墓誌銘〉에 이 사실을 기록하며 유종원의 참다운 우정과 의리를 기리었다.

선비는 어려운 일에 처했을 때 비로소 절의節義를 드러내는 법이다. 오늘 날 사람들은 평시에 함께 지내면서 서로 그리워하고 좋아하며, 술자리나 잔치 자리에 서로 불려가며 억지웃음을 짓고 서로 겸손을 떨며, 손을 잡고 폐와 간을 보여주며, 하늘을 해를 가리키고 눈물을 흘려 가며 죽으나 사나 서로 배반하지 말자고 마치 진실인 양 맹세를 한다. 하지만 일단 터럭만큼의 이해관계만 얽혀도 서로를 모르는 채 반목을 하고, 함정에 빠지면 손을 뻗어 구해주기는커녕 구덩이 속에 더 밀어 넣고 돌까지 던지는 사람이 이 세상에는 널려 있다.

참다운 우정이란 좋을 때나, 곤란할 때나, 슬프고 외로운 경우에 처할 때나 변함이 없어야 한다. 그것이야말로 진정한 친구사이라고 할 수 있다.

02 견마지로 犬馬之勞

개나 말이 주인을 위해서 일하다
: 주인이나 타인을 위해 힘써 일하는 것을 겸손하게 이르는 말을 뜻한다.

－《사기史記》〈소상국세가蕭相國世家〉《삼국지연의三國志演義》

한고조 유방이 항우를 이기고 천하를 평정하자 소하를 차후로 봉하고 가장 많은 식읍을 주고 이렇게 말했다.

"우리가 항우를 무찌르고 천하를 평정할 수 있었던 가장 큰공은 소하에게 있도다."

그러자 공신들은 불만이 가득한 목소리로 투덜거렸다.

"신들은 몸에 갑옷을 입고 손에는 날카로운 무기를 들고 많은 이는 백여 번이 넘게 싸웠으며, 적은 이는 수십 번 싸웠나이다. 그런데 소하는 한 번도 견마지로를 다한 적이 없습니다."

그러자 유방은 신료들을 지그시 바라 본 다음 이렇게 말했다.

"사냥에서 토끼를 쫓아가 죽이는 것은 사냥개지만, 개의 줄을 놓아 짐승을 잡으라고 시키는 것은 사람이다. 지금 그대들의 공은 짐승을 잡은 사냥개와 같지만 소하의 공은 개를 시켜 짐승을 잡게 한 사람과 같다."

유방이 말하는 사냥개를 다루는 사람은 바로 책사策士를 의미한다. 무장들은 칼과 창으로 적과 전투를 벌이나 책사는 전투의 모든 전략을 세움은 물론, 나라의 대소사를 관장하는 지략가이다. 책사의 계책에 따라 전쟁에서의 승패가 달려 있고, 나라의 존망이 달려 있다. 한 사람의 뛰어난 책사는 손 하나 까딱 안 하고 수십만 대군을 몰살시킬 수도 있다.

유방이 항우를 이기고 천하를 평정할 수 있었던 것은 장량과 소하와 같이 주군을 위해 최선을 다하는 뛰어난 책사가 있었기에 가능했다. 견마지로와 비슷한 말로는 말이 달려 수고를 다한다는 '한마지로汗馬之勞'가 있다.

03 결초보은 結草報恩

풀을 묶어서 은혜를 갚다
: 죽어서도 잊지 않고 은혜를 갚음을 비유하는 말이다.

-《춘추좌씨전春秋左氏傳》〈선공 15년宣公 十吾年〉

중국 춘추전국시대 때 진晉나라에 위무자라는 사람이 있었다. 그에게는 후처가 있었다. 어느 날 위무자가 병으로 몸져눕게 되자 아들 위과를 불러 말했다.

"내가 죽으면 저 사람을 다른 사람에게 개가를 시키도록 해라."

그후 병이 심하여 죽게 되자 정신이 혼미해진 위무자는 아들 위과에게 이렇게 말했다.

"내가 죽으면 저 사람을 순장시켜라."

위무자가 죽음에 이르자 아들 위과는 아버지의 첫 번째 말씀을 쫓아 서모庶母를 개가시켜 순사殉死를 면하게 하였다. 그러던 어느 날 진晉나라와 진秦나라 사이에 전쟁이 일어났다. 위과는 왕명을 받들고 전쟁에 나갔다. 그는 진秦나라 장수 두회와 싸우다가 위험한 지경에 놓였다. 그런데 두회가 탄 말이 넘어지고 말았다. 그 틈을 타 위과는 두회를 사로잡아 뜻밖에 공을 세우게 되었다. 그날 밤 위과의 꿈에 한 노인이 나타나 말했다.

"나는 그대가 출가시켜 준 여인의 아비올시다. 그대는 그대의 아버님의 바른 정신일 때의 유언에 따라 내 딸을 출가시켜 주었소. 그래서 나는 그대에게 은혜를 갚은 것이라오."

노인은 은혜를 갚기 위해 풀을 엮어서 두회가 탄 말이 넘어지게 했던 것이다. 결초보은과 비슷한 의미를 가진 고사성어로는 죽어서도 은혜를 갚는다는 '백골난망白骨難忘'과 뼛속 깊이 새겨 은혜를 잊지 않겠다는 '각골난망刻骨難忘'이 있다.

04 곡학아세 曲學阿世

학문을 굽히어 세상에 아첨하다
: 정도를 벗어난 학문으로 시세나 권력에 아부하여 출세하려는 태도나
행동을 의미한다.

— 《사기史記》〈유림열전儒林列傳〉

제나라에 원고생轅固生이라는 사람이 있었다. 그는 《시경》에 정통해서 효경제孝景帝 때 박사가 되었다. 원고생은 성품이 강직해 어떤 사람도 두려워하지 않고 직언도 마다하지 않았다. 그러던 어느 날 노자老子의 글을 좋아하던 효경제의 어머니 두태후가 원고생을 불러 노자의 글에 대해 물었다.

"그대는 노자의 말에 대해 어떻게 생각하시오?"

"그것은 다만 하인들의 말뿐이라고 생각합니다."

"무엇이라, 하인들의 말이라고?"

두태후는 격노해서 그에게 날카로운 칼을 주며 돼지를 찌르게 했다. 원고생은 돼지의 심장을 정확하게 찌르자 돼지는 단 한칼에 쓰러졌다. 두태후는 아무 말 없이 더 이상 죄를 묻지 않았다. 그후 효경제는 원고생을 정직하고 청렴한 사람으로 여겨 청허왕의 태부로 임명하였다. 오랜 세월이 흐른 뒤 그는 병으로 벼슬을 그만두었다.

금상今上이 즉위해 원고생을 불렀다. 그때 설薛사람 공손홍公孫弘도 부름을 받았는데, 곁눈질을 하며 원고생을 못마땅한 눈초리로 바라보곤 하였다. 이에 원고생이 공손홍에게 말했다.

"이보시게, 힘써 학문을 바르게 하여 세상에 옳은 말을 하고, 학문을 굽혀 세상에 아부하는 일이 없도록 하시게."

그뒤로 제나라에서 《시경》을 논하는 사람들은 모두 원고생의 말을 근본으로 삼았다. 원고생이 공손홍에게 충고한 말에서 학문을 굽혀 세상에 아부한다는 곡학아세가 유래되었다.

05 과유불급 過猶不及

지나친 것은 미치지 못한 거와 같다
: 정도가 지나친 것은 오히려 모자람만 못하다는 의미로 중용中庸을
강조한 말이다.

-《논어論語》〈선진편先進篇〉

춘추시대 위나라의 유학자 중에 자공子貢이라는 이가 있다. 그의 본명은 단목사이지만 그는 자공으로 불렸다. 그는 정치적 능력이 뛰어나 노나라, 위나라의 재상을 지냈다. 그는 공자孔子의 제자로 공자가 무척이나 아끼는 제자였다.

어느 날 자공이 공자에게 물었다.

"선생님, 동문의 자장子長과 자하子夏는 어느 쪽이 어집니까?"

이에 공자가 말했다.

"자장은 지나치고, 자하는 미치지 못한다."

이에 자공이 또 다시 물었다.

"선생님, 그런 자장이 낫다는 말씀입니까?"

이에 공자가 말했다.

"지나친 것은 미치지 못한 것과 다를 바가 없다"

공자의 말은 너무 한쪽으로 넘치거나 치우치는 것은 오히려 아니함만 못함을 의미한다.

그렇다. 아무리 맛있는 음식도 과식을 하면 탈이나 해가 되고, 아무리 좋은 것도 넘치면 자칫 탐욕이 되는 법이다. 그런 까닭에 무엇이든 지나치지 않도록 해야 탈이 없는 법이다.

06 과이불개 過而不改

잘못을 저지르고도 고치지 않다
: 잘못한 것을 알면서도 고치지 않으면, 그것 또한 잘못이라는 말이다.

－《논어論語》〈위령공편衛靈公篇〉

중국 춘추전국시대 사상가이자 학자이며, 유교의 시조인 공자는《논어論語》의 〈위령공편〉에서 다음과 같이 말했다.

"잘못을 하고도 고치지 않는 것, 또한 잘못이다."

그리고《논어》의 〈학이편學而篇〉과 〈자한편子罕篇〉에서 이르기를 '과즉물탄개過則勿憚改' 곧 '잘못을 하면 고치기를 꺼리지 말라.' 하였으며 또한 〈자장편子張篇〉에서 이르기를 '소인지과야 필문小人之過也必文' 곧 '덕이 없는 자는 잘못을 저지르면 그것을 고칠 생각은 하지 않고 꾸며서 둘러대려고 한다.'고 말했다.

이렇듯 공자가 잘못한 것에 대해 바로잡아야 한다고 강조한 것은 '인仁'을 사람의 근본으로 삼았기 때문이다. '인'은 그의 사상과 철학의 본질이며 목적이다. 그가 유난히 '인'을 강조한 것은 인간답게 사는 길은 잘못을 하지 않고, 도덕과 예로 말미암아 서로에게 '덕이 있는 삶'을 추구하려는 데 있다고 보았던 것이다. 그런 까닭에 공자는 가르침을 중요하게 생각했고 평생을 가르침에 전념하였다.

공자는 교육의 기능을 군자君子로 훈련되는 방법을 가르치는 데 있다고 생각했다. 그에게 교육, 곧 가르침은 삶의 근간이었다. 가르침을 통해 유교 사상을 확립하는 것은 그에게 소명이나 마찬가지였다. 그의 주변에는 항상 제자들과 배움을 청하는 이들로 넘쳐났다. 그의 제자를 자처하는 이들이 3,000여 명에 이르렀다는 것은 공자야 말로 교수의 근본이라고 할 수 있다.

구시화문 口是禍問

입은 재앙의 문이다
: 말을 조심해서 해야 한다는 것을 경계하여 이르는 말이다.

-《전당서全唐詩》〈설시편舌詩篇〉

당나라 때 풍도馮道라는 사람이 있었다. 그는 당나라 말기 유주절도사 휘하의 속리로 첫 관직생활을 시작했다. 비록 미관말직이었지만 그는 절도와 원칙에 따라 행동하여 상관들은 물론 동료들도 그를 함부로 대하지 않았다.

당시 당나라는 황제의 권위가 추락하고, 국가로서의 조직력이 약해질 대로 약해져 지방의 절도사들이 각 지역을 마치 왕처럼 통치하였다. 그러다 907년 당나라는 절도사 주전충에 의해 멸망하고 주전충은 후량을 건국하였다. 주전충은 황제로 등극하고 그의 동지인 이극용은 진왕이란 칭호와 함께 후량을 다스렸다.

그러다 이극용이 1년만에 죽고 그의 아들인 이존욱이 진왕이 되었다. 이때 풍도는 유주절도사 유수광 밑에서 있었다. 유수광은 야심가였다. 그는 이존욱과 전쟁준비를 했다. 이때 풍도는 진왕은 물론 후량과 싸울 수 없다고 말하다 옥에 갇히고 말았다. 유수광은 이존욱과 전쟁을 벌였지만 패하고 말았다. 바로 이때 풍도는 자신의 운명을 바꿀 사람을 만났다.

그는 바로 장승업이다. 그는 환관 출신이지만 이존욱이 그를 형이라고 부를 만큼 절친한 사이였다. 그는 풍도가 옥에 갇힌 사실을 잘 알고 있어 그를 이존욱에게 소개하였고, 그의 능력을 간파한 이존욱은 그를 자신의 참모로 삼았다. 그후 후당의 황제가 된 이존욱은 풍도를 재상으로 임명하였다.

풍도는 백성을 지극히 위하는 마음으로 비난을 받으면서까지 위기 때마다 자신을 지켜나가면서 5대 10국이 교체되는 혼란기에 다섯 왕조

260

여덟 성씨 열한 명의 천자를 섬기며 무려 50여 년 동안이나 고위관직에
있었다.
　풍도는 자신의 처세관을 남겼는데 그중 하나가 구시화문口是禍門이다.
항상 말을 조심해야 한다. 모든 흉복凶服은 말에서 비롯됨을 잊지 말아야
겠다.

08 권토중래 捲土重來

흙먼지를 날리며 다시 오다
: 한 번 실패한 사람이 다시 세력을 되찾아 돌아옴을 의미한다.

- 두목杜牧의 시 〈제오강정 題烏江亭〉

초나라 항우가 한왕 유방과 벌인 해하 전투에서 패하고 말았다. 한신은 항우를 잡기 위해 구리산 곳곳에 병사들을 매복시키고 그를 찾는 데 혈안이 되었다. 항우는 그물처럼 얽힌 매복을 뚫고 혼자 무사히 탈출하였다. 하지만 앞에는 오강이 흐르고 있어 강을 건너야만 살 수 있었다. 마침 오강의 정장亭長이 배를 강 언덕에 대고 기다리다가 항우에게 말했다.

"강동이 비록 작으나 땅이 사방 천리이며, 백성들의 수가 수십 만에 이르니 그곳 또한 족히 왕이 되실 만한 곳입니다. 대왕께서는 빨리 건너십시오. 지금 신에게만 배가 있어 한나라 군사가 온다 해도 강을 건널 수 없을 것입니다."

그러자 항우가 웃으며 하늘이 자신을 버렸으니 자신은 목숨을 부지扶支할 뜻이 없다고 말했다. 그리고는 용맹스럽게 싸우다 자결하였다. 항우가 죽은 지 천 년이 지난 어느 날 당나라 시인 두목杜牧은 오강의 객사에서 비록 31세의 나이로 죽었지만 일세를 풍미했던 항우가 그의 애인 우미인虞美人과 헤어질 때 보여준 인간적인 매력을 생각했다.

그리고 강동의 부형父兄에 대한 부끄러움을 참고 힘을 일으키면 충분히 재기할 수 있는 기회를 저버리고 자결한 그를 애석해하며 지은 시詩 〈제오강정題烏江亭〉을 읊었다. 그가 지은 시 마지막구절이 '권토중래미가지 捲土重來未可知'인데 아직 알 수 없네라는 뜻으로 '권토중래'라는 말이 나옴을 볼 수 있다. 이것은 항우에 대해 쓴 시 가운데 가장 잘 알려진 시다.

09 금의환향 錦衣還鄕

비단 옷을 입고 고향으로 돌아오다
: 출세하여 비단 옷을 입고 고향으로 돌아옴을 의미하는 말이다.

－《한서漢書》〈항적전項籍傳〉

항우項羽는 진秦나라 수도 함양을 먼저 점령한 유방을 몰아내고 자신이 차지하였다. 그는 먼저 관중에 입성했던 유방이 살려 둔 나이 어린 왕자 자영을 죽이고, 진시황이 세운 아방궁을 불태우고, 시황제의 무덤을 파헤치고, 금은보화를 약탈하고, 궁녀들을 겁탈하는 등 사람으로서는 할 수 없는 온갖 만행을 저질렀다.

승리에 취해 민심을 어지럽히고 무모한 일을 일삼는 항우에게 책사인 범증이 자중하기를 간언했지만 듣지 않았다. 민심은 뒤숭숭하고 초토화시킨 함양은 맘에 들지 않았다. 이에 항우는 자신의 고향인 팽성으로 수도를 옮길 생각에 들떠 있었다. 이때 간의대부 한생이 말했다.

"관중은 산과 강으로 가로막혀 있는 요새이자 비옥한 땅이 있는 곳입니다. 이곳을 거점으로 하여 천하를 호령하소서."

그러나 항우는 고향으로 돌아가 출세한 자신을 자랑하고 싶은 마음에 화를 내며 말했다.

"지금 길거리에서 떠도는 노래를 들어보니 내용이 이러하다. '성공하고도 고향으로 돌아가지 못하면 비단옷을 입고 밤길을 다니는 것과 다르리.' 이것은 바로 나를 두고 하는 노래가 아니겠는가. 어서 길일을 잡고 천도하도록 하라."

사실 노래는 유방의 책사 장량이 지어 퍼트린 것으로 항우가 천하의 요새인 함양에 있는 한 유방의 패업을 이룰 수 없음에 어떻게든 항우를 함양에서 몰아내어야 했던 것이다. 결국 항우는 팽성으로 도읍을 옮겼다. 하지만 함양을 차지한 유방에게 해하 전투에서 패함으로써 천하를 넘겨주고 자결하고 말았다.

10 단사표음 簞食瓢飮

대로 만든 그릇의 밥과 표주박의 물
: 매우 소박하고 청빈하게 생활함을 의미하는 말이다.

- 《논어論語》〈옹야편雍也篇〉

공자의 제자는 무려 3천 명이나 된다. 그중 학문과 덕이 뛰어난 제자만 77명이었다. 그 가운데 자공子貢은 이재에 밝았으며, 자로子路는 벼슬길에서 성공을 했지만 안회는 학문을 매우 좋아하였다. 제자들이 많다보니 같은 가르침을 받았지만 제각각 추구하는 삶의 가치관은 달랐다. 공자는 제자들 가운데 안회를 가장 아끼고 총애하였다.

그는 학문에 정진해 스물아홉에 백발이 되었으며, 높은 학문 못지않게 덕행에 뛰어나 공자도 그에게서 배울 점이 많았다고 한다. 이런 그가 하도 가난하여 대나무로 된 그릇에 밥을 먹고 표주박으로 물을 떠먹는 빈궁한 삶이어서 평생을 끼니조차 제대로 잊지 못하고 지게미조차 배불리 먹어보지 못했다. 하지만 그는 주변 환경을 탓하거나 자신의 처지를 비관한 적이 한 번도 없었다.

가난하고 구차한 자신의 환경을 탓하거나 원망하지 않고 학문의 즐거움을 최고의 기쁨으로 여겼다. 공자는 안회에 대해 이렇게 말했다.

"어질도다 안회여, 대그릇에 밥을 먹고 표주박에 물을 마시며 누추한 곳에 살면서도 다른 이들 같으면 근심을 견디어 매지 못할 텐데 학문을 즐거이 하며 도를 따르니 장하고도 장할지어다."

공자는 안회가 31살에 요절하자 그를 잃은 슬픔이 너무도 커 하늘이 자신을 버렸다면서 대성통곡을 했다고 한다. 이렇듯 안회의 청빈한 삶은 스승인 공자도 감복하게 하였던 것이다.

 대의명분 大義名分

행동에 기준이 되는 도리나 명백한 근거
: 사람이 마땅히 지켜야 할 도리나 본분을 일러 하는 말이다.

－《춘추春秋》

어느 날 맹자孟子의 제자인 진대陳代가 스승에게 물었다.

"스승님, 왕도정치의 실현을 꾀하는 그에게 다소 전도에서 벗어나, 절개의 일부를 훼손시키는 한이 있더라도 제후들에게 찾아가 유세를 해야 하는 것이 좋은 일입니까?"

이에 맹자가 말했다.

"비굴한 타협으로 명분을 손상시킬 수 없고, 그런 타협을 통해 얻는 실리實利 역시 본질적 기본이 부실할 수밖에 없는 한계가 있음으로 그것을 따라서는 아니 된다."

이 말은 정도를 벗어나는 것은 그것이 어떤 것이라 할지라도 대의명분에 어긋남을 말한다.

맹자의 말에서 보듯 명분을 손상시켜서는 안 된다고 분명히 했던 것이다. 맹자에 의하면 《춘추春秋》라는 사서史書는 공자가 편찬한 것으로써 공자의 역사비판이 잘 나타난다고 말했다. 공자는 오직 객관적인 사실에만 입각하여 기록함으로써 춘추시대 노魯나라 은공隱功 원년 BC 722년 부터 애공哀公 14년 BC 481년 에 이르기까지 12대에 걸친, 242년의 사적史的에 대하여 간결한 사실을 기록하고, 선악을 논하고 대의명분을 밝혀 그것으로써 후세의 존왕尊王의 길을 가르쳐 천하의 질서를 유지하려는 데 도움을 주기 위한 것이라고 전해진다.

그렇다. 그 어떤 것도 대의명분에 벗어난다면 하지 말아야 한다. 그것은 곧 자신을 죽이는 일과 같다고 하겠다.

독서삼여 讀書三餘

독서하기 좋은 세 가지 여가
: 책 읽기 좋은 시간은 겨울철 농한기와 밤, 그리고 비 오는 날이다.

-《삼국지三國志》〈위지魏志〉

후한말의 학자이자 《노자와 춘추좌씨전老子春秋左氏傳》의 주석서를 쓴 동우董遇는 독서를 매우 즐겨한 것으로 유명하다. 그는 어려서부터 책 읽는 것을 좋아했다. 때와 장소를 불문하고 그의 손에는 언제나 책이 들려 있었다. 책을 통해 그의 지식은 나날이 깊어졌고 각지에서 명성이 자자했다. 그럼에도 그는 자신의 학문을 자랑하지 않았고 군자의 자세를 잃지 않았다.

동우를 둘러싼 자자한 명성이 헌제의 귀에까지 들어갔다. 헌제는 그를 궁으로 불러들였다. 헌제는 동우를 자신의 글 선생으로 삼으며 황문시랑이라는 벼슬을 내렸다. 벼슬을 할 때도 그의 생활은 별로 달라지지 않았다. 궁궐에서도 그의 손에는 언제나 책이 들려 있었다.

그러던 어느 날 벼슬에서 물러나 있던 동우에게 한 젊은이가 찾아왔다. 그는 자신을 제자로 삼아달라고 간청하였다. 그러자 동우는 담담한 표정으로 말했다.

"몇 번이고 책을 읽다보면 스스로 뜻을 알게 되는 법이오."

"선생님, 저는 농사일로 바빠 책 읽을 시간조차 없습니다."

젊은이의 말을 듣고 동우가 말했다.

"그것은 핑계에 불과하오. 책 읽을 시간은 얼마든지 있소. 첫째는 농사철이 끝나 일이 없는 겨울이며, 둘째는 밤, 셋째는 비오는 날이오. 이 때를 잘만 활용하면 얼마든지 책을 읽을 수 있소."

결국 젊은이는 간청을 거두고 물러났다. 독서는 그 자체로 공부이며 좋은 스승과의 만남이다. 그가 당대 최고의 지식인이 된 것 역시 독서 덕분이었다.

도끼를 갈아 바늘을 만들다
: 불가능해 보이는 것도 포기하지 않고 끝까지 하면 해 낼 수 있음을
 의미한다.

- 《신당서新唐書》〈문예전文藝傳〉,《방여승람方輿勝覽》

중국 당唐나라 때 시인으로 두보杜甫와 함께 중국 역사상 최고의 시인으로 추앙받는 이백李白. 이백이 집을 떠나 상의象宜산에 들어가 글공부에 전념하던 시절이었다. 문재에 뛰어난 그도 매일 똑같은 일을 반복하는 것이 때로는 지겹고 고리타분했다. 참다못한 그는 집에 돌아가기 위해 산을 내려가기로 결심했다. 그가 시냇가에 이르렀을 때였다. 그는 바위에 도끼를 갈고 있는 한 노파와 만났다. 그 모습이 하도 이상하여 이백은 가던 길을 멈추고 무슨 일로 도끼를 바위에 가느냐고 물었다.

"할머니, 무엇을 하시기에 도끼를 바위에 가시는 겁니까?"

"바늘을 만들려고 한다."

노파는 바늘을 만들기 위해서라고 말했다. 의아한 생각에 어떻게 도끼가 바늘이 될 수 있느냐고 재차 물었다.

"바늘을요? 그렇게 해서 언제 바늘을 만들 수 있어요?"

노파는 빙그레 웃으며 말했다.

"그 이유는 간단하단다. 도끼를 갈 때 힘들다고 중간에 포기하지 않으면 되지."

중간에 포기만 하지 않으면 만들 수 있다는 노파의 말에 이백의 가슴은 뜨끔거렸다. 꼭 자신을 두고 하는 말 같았기 때문이다. 순간 열심히 공부를 해야겠다고 생각을 굳힌 이백은 자신에게 깨달음을 준 노파에게 절을 올리고 산으로 되돌아갔다. 이후 그는 이전과는 다른 자세로 학문에 정진한 끝에 최고의 시인이 되었다. 이백이 자신의 뜻을 이룰 수 있었던 것은 자신을 이겨냈기 때문이다.

막역지우 莫逆之友

서로를 거스르지 않는 친구
: 아무런 허물없이 친한 친구를 의미하는 말이다.

－《장자莊子》〈내편대종사內篇大宗師〉

《장자莊子》〈내편대종사內篇大宗師〉에 나오는 우화이다.

어느 날 자사子祀, 자여子輿, 자려子犁, 자래自來 네 사람이 모여 이야기를 나누었다.

"누가 없는 것으로써 머리를 삼고, 삶을 등으로 삼으며, 죽음을 엉덩이로 삼을 수 있을까. 누가 삶과 죽음, 있음과 없음의 일체를 알겠는가. 내 이런 사람과 벗이 될 것이다."

네 사람이 서로 보며 웃고 마음에 거슬리는 게 없어서 마침내 벗이 되었다. 그리고 이들의 우정은 늙고 병들어 죽는 순간까지도 이어졌다.

다음은 이에 대한 또 다른 이야기이다.

어느 날 자상호子桑戶, 맹자반孟子反, 자금장子琴張 세 사람이 함께 어울리며 말했다.

"누가 서로 사귀는 게 아니면서도 서로 사귀고, 서로 위하지 아니면서도 서로 위할 것인가. 누가 능히 하늘에 올라 안개 속에서 노닐고, 끝이 없는 곳에서 자유롭게 다니며, 삶을 잊고 끝이 없는 경지에 들어갈 수 있을까?"

세 사람이 서로 보며 웃고 마음에 거슬리는 데가 없어 비로소 서로 벗이 되었다.

앞의 두 이야기에서처럼 좋은 친구란 생사고락을 함께할 수 있는 친구, 서로에게 거슬림이 없는 친구, 서로에게 막힘이 없는 친구, 더불어 함께함으로써 서로에게 득이 되고 의미가 되고 꿈이 되어 줄 수 있는 친구야 말로 진실한 친구라고 할 수 있다.

맹모단기 孟母斷機

맹자의 어머니가 베틀의 날실을 끊다
: 학문을 중도에서 그만두는 것은 짜던 베의 날실을 끊어버리는 것과
  같다는 의미이다.

- 유향劉向의 《열녀전烈女傳》

중국의 고대 철학자로 추나라 사람인 맹자는 사람은 누구나 태어날 때부터 착하다는 '성선설'을 주장한 것으로 유명하다. 그의 주요 저서로는 어록 《맹자孟子》가 있다. 공자에 버금가는 맹자가 그렇게 될 수 있는 데에는 그의 어머니의 헌신적인 뒷받침이 있었다.

맹자의 어머니 장仉 씨는 남편이 일찍 죽은 후 홀로 맹자를 키웠다. 그녀는 자식을 잘 기르겠다는 일념으로 세 번이나 이사를 한 것으로 유명하다. 이른바 맹모삼천지교孟母三遷之敎라는 유명한 고사성어를 탄생시킨 주체이기도 하다.

맹자의 어머니는 맹자가 자라자 집을 떠나게 하여 학문탐구에 힘쓰게 했다. 집을 떠나 학문탐구에 몰두하던 맹자는 시간이 흐를수록 어머니와 집이 그리웠다. 책을 펼쳐들고 있어도 그의 머릿속에는 어머니에 대한 생각으로 가득 찼다. 그는 학문을 멈추고 자신을 반겨 줄 어머니를 생각하며 집으로 돌아왔다. 자식을 보고 싶은 마음이야 어머니인들 오죽할까만은 맹자의 어머니는 아들을 반기는커녕 베를 짜다 베틀에 앉은 채 말했다.

"그래, 공부는 어느 정도나 익혔느냐?"

"많이 나아진 게 없습니다."

이에 맹자의 어머니는 화를 내며 칼로 베틀의 실을 끊어버리면서 말했다.

"공부를 중도에서 그만 두는 것은 베틀의 실을 끊어 버리는 것과 같다."

　　반겨줄 줄 알았던 어머니의 냉혹함에 맹자는 아무런 말도 할 수 없었다. 그는 그 길로 다시 집을 떠났다. 그리고는 학문탐구에 집중함으로써 자기만의 사상과 철학을 길러 공자에 버금가는 학자가 되었다.,

16 명약관화 明若觀火

불을 보는 것처럼 분명하다
: 어떤 일에 있어 불을 보듯이 매우 명백함을 비유하는 말이다.
- 《서경書經》〈제3편 상서 9장 반경상第三篇 商書 九章 盤庚上〉

기원전 14세기경 중국 상商나라는 열아홉 번째 임금인 반경盤庚이 통치를 하고 있었다. 그런데 분쟁이 일어나고 정치는 부패하여 매우 혼란스러웠다. 거기에다 자연재해까지 발생하여 동요와 불안이 가증되었다. 이에 반경은 혼란스러운 상황에서 벗어나 통치기반을 공고히 하기 위해 도읍을 종엄에서 은殷지방으로 옮기려고 하였다. 그러나 이 계획은 많은 대신들의 반대에 놓이게 되었다. 뿐만 아니라 백성들이 원하지 않았다. 반경은 근심하는 백성들에게 호소하며 맹세하였다.

"임금인 내가 와서 이미 이곳에 정착하고 있는데, 이는 우리 백성들을 중히 여기어 모두 죽게 되지 않게 하기 위한 것이었소. 그런데 서로 바로 잡아주며 살 수 없게 되었소. 이에 과인은 점을 쳐 이르기를 '이 일을 어찌하면 좋겠소'하고 물었던 것이요. 먼저 임금께서는 일이 있으시면 하늘의 뜻을 받들어 삼가셨으나 그래도 언제나 편안치 못하여 일정한 도읍을 갖지 못하였으니 지금껏 다섯 번 도읍을 옮겼소. 지금 옛일을 따르지 아니하면 하늘이 명을 끊을지도 모르겠소. 나는 그대들이 반대하는 이유를 잘 모르겠소. 내가 스스로 덕을 버린 것이 아니라 그대들이 덕을 버리어 나 한 사람을 두려워하지 않고 있소. 나는 불을 보는 것처럼 잘 알고 있으나, 나도 성급히 일을 계획하여 그대들에게 허물이 되었소. 그물에 줄이 있어야 조리가 있어 문란해지지 않는 것과 같으며 농사꾼이 밭에서 일하고 힘들게 농사를 지어야 또한 풍성한 가을이 있는 것과 같은 것이요."

이렇듯 반경은 자신의 심정을 거짓 없이 분명히 함으로써 대신들과 백성들에게 신뢰를 심어주어 자신의 계획을 성사시켰다.

목불식정 目不識丁

쉬운 글자인 정丁 자도 알아보지 못하다_
: 낫 놓고 기역 자도 모르는 일자무식장이를 가리키는 말이다.

— 《당서唐書》〈장홍정전張弘靖傳〉

당나라 헌종 때 장홍정長弘靖은 부유한 집에서 자라 버릇이 없고 성품이 오만불손할 뿐만 아니라 방자하기가 그지없었다. 하지만 그의 부친인 장연상長延賞이 나라에 끼친 공적으로 인하여 벼슬길에 나가게 되었다. 중서랑이란 벼슬을 지내다 이부상서, 검교우복사, 선무군 절도사를 지내는 등 그야말로 탄탄대로였다.

그러던 장홍정은 노룡의 절도사로 부임하였는데 제 버릇 개 못 준다는 말이 있듯, 방자하게 굴며 부하들을 괴롭혔다. 그를 따라 온 막료들도 군사들을 함부로 대하고 백성들을 능욕하였다. 전임 절도사는 검소함은 물론 부하와 백성들을 함부로 여기지 않았다. 그러다보니 여기저기서 불만이 터져 나왔다.

이를 알게 된 장홍정은 오히려 "지금 천하가 태평한데 너희들이 포와 활을 당기는 것보다 고무래 정丁자 하나라도 아는 것이 더 낫다."고 말하며 억압하였다. 이에 참다못한 군사들이 반란을 일으켜 중앙에서 파견된 막료들을 죽이고 장홍정을 잡아 가두었다. 이 소식을 들은 황제는 노하여 "그 놈이야 말로 목불식정이로구나."라고 말하며 직책을 박탈하였다.

이 이야기에서 보듯 제대로 배우지 못한 장홍정은 무식함으로 인해 함부로 부하들을 대하고 백성들을 능욕함으로써, 삭탈관직됨은 물론 만천하에 조롱거리가 되었다. 배우지 못했으면 성품이라도 좋으면 되는데 성품마저 오만방자하니, 그 꼴을 지켜본다는 것은 여간 곤혹스러운 일이 아님은 명약관화하다. 안다는 것과 무식하다는 것은 하늘과 땅 차이만큼 크다. 안다는 것은 자신을 명예롭게 하지만 무식하다는 것은 자신을 수치스럽게 만드는 최악의 병폐라고 할 수 있다.

발본색원 拔本塞源

근본을 뽑아내고 근원을 막아버리다
: 폐단의 근원이 되는 요인을 아주 없애버리는 것을 일러 하는 말이다.

　　　　　　　　　　　－《춘추좌씨전春秋左氏傳》〈소공구년조昭公九年條〉

주周나라와 진晉나라가 작은 땅을 사이에 두고 서로 차지하려고 다투었다. 그러던 중 진나라 왕이 군대를 보내 주나라를 공격하였다. 이에 주나라 경왕景王이 진나라에 사신을 보내 다음과 같이 말하였다.

"나에게 백부가 계신 것은 마치 옷에 갓이 있는 것과 같다. 나무와 물에 근원이 있어야 하듯 백성들에게 지혜로운 임금이 있어야 한다. 만일에 백부께서 갓을 찢어버리고 뿌리를 뽑고 근원을 막으며 오로지 지혜로움을 버린다면 비록 오랑캐들이라도 나라는 사람을 어찌 볼 것인가."

경왕의 말에서 보듯 '뿌리를 뽑고 근원을 막으며'라는 말은 아예 문제가 되는 근원의 싹을 잘라 없애버림을 의미하는 것으로 발본색원을 뜻한다.

이에 대한 또 다른 이야기이다.

명나라의 왕양명王陽明은 그의 저서 《전습록傳習錄》에서 발본색원에 대해 말했다.

"발본색원론이 천하에 밝혀지지 않는다면 세상에 성인聖人을 흉내내는 무리들이 갈수록 늘어나고, 세상이 점점 어지러워져 사람들이 금수나 오랑캐같이 되어 성인의 학문을 이루려 하지 않을 것이다."

왕양명은 자신의 주장에 대해 이렇게 말하며 전형적인 이상사회는 고대 국가인 요堯, 순舜, 우禹나라를 예로 들었다.

인류의 모든 재앙이나 잘못된 일은 반드시 그 근원의 문제가 야기되어서다. 이처럼 불미스러운 일로 인해 어려움에 직면하지 않으려면 그것이 개인적인 일이든, 직장의 일이든, 정부나 정치적인 것이든 그 무엇이든 사전에 뿌리 뽑아야 뒤탈이 없는 법이다.

19 발산개세 拔山蓋世

힘은 산을 뽑고 기상은 세상을 덮을 만하다
: 아주 뛰어난 기상과 기백을 일러 하는 말이다.

- 《사기史記》

진시황제가 중국 최초로 통일을 이루지만 그 기간이 고작 13년밖에 안 된다. 그가 죽자 진나라는 곳곳에서 군웅들이 활개를 치며 패왕을 꿈꾸며 다시 혼돈 속에 빠져 들었다. 진승과 오광을 비롯한 군웅들이 활개를 치며 들고 일어났지만 최후까지 남은 사람은 한나라의 유방劉邦과 초나라의 항우項羽이다.

이들은 오랜 싸움 끝에 마지막 싸움터인 해하에서 맞붙었다. 장량의 전략에 따라 한신이 이끄는 병력이 마침내 항우가 이끄는 병력을 완전히 포위했다. 사면초가로 진퇴양난에 빠진 항우는 자신의 운명이 다했다는 것을 직감하고는, 비록 한밤중이었지만 장수들과 마지막 만찬을 열었다. 술을 몇 잔 마시고 난 항우는 비분강개의 마음을 시로 읊었다.

힘은 산을 뽑을 만하고 기운은 세상을 덮을 만한데/ 때가 불리하니 추마저 가지 않는구나/추마져 가지 않으니 난들 어찌 하겠는가/ 우미인아, 우미인아, 너를 어찌하면 좋단 말이냐/

발산개세拔山蓋世는 항우의 시 〈해하가垓下歌〉의 역발산개세力拔山蓋世에서 온 말이다. 힘과 무예로는 항우를 따를 장수가 없을 만큼 그는 기상과 기백이 출중했다. 하지만 그 반면에 어질지 못하고 덕이 부족했다. 유방은 힘으로는 절대 항우의 적수가 되지 못했다. 하지만 그는 항우에게는 없는 사람을 포용하고 받아들일 줄 아는 덕이 있었다. 결국 덕과 힘과의 싸움은 덕의 승리로 끝이 났다. 가장 이상적인 군왕은 덕과 힘을 고루 갖춘 군왕이라고 할 수 있다.

20 백절불요 百折不撓

백 번 꺾일지언정 휘어지지 않는다
: 그 어떤 어려움과 시련에도 굽히지 않는 불굴의 정신을 의미하는 말이다.
－《후한서後漢書》〈교현전橋玄傳〉

후한後漢시대에 교현橋玄은 청렴하고 강직했으며, 언제나 옳지 않은 일과 맞서 싸웠다. 젊은 시절 현에서 근무할 땐 외척 양기의 비호를 받던 진왕陳王의 상국相國 양창의 죄를 적발한 적이 있다. 또 한양漢陽태수로 있을 때 상규 현령 황보정이 횡령죄를 범하자 즉각 사형에 처했다.

교현은 영제靈帝 때 성서령이 되었는데, 이때 태중대부 개승蓋升이 황제와 가깝다는 것을 믿고 백성을 착취하였다. 이에 교현이 개승을 옥에 가두고 뇌물로 받은 재산을 몰수하라고 황제에게 소를 올렸으나 황제가 듣지 않고 개승을 시중으로 임명했다. 황제에게 실망한 교현은 병을 핑계로 사직하였다. 그후 영제가 태위라는 벼슬을 내렸으나 끝내 받아들이지 않았다.

하루는 아들이 혼자 밖에 놀러나갔다가 강도 세 명에게 납치를 당했다. 양구라는 장수가 즉시 군사들을 이끌고 구출하러 갔지만, 교현의 아들이 다칠까 봐 더 이상 어쩌지 못하고 있었다. 교현은 아들을 살리려면 돈을 내 놓으라는 강도의 말에 응하지 않고, 출동한 관병들에게 "어서 잡지 않고 뭣들 하느냐! 강도가 날 뛰는데 내가 어찌 자식의 목숨이 아까워 도적을 따르겠느냐!"며 호령하였다. 강도는 잡혔으나 안타깝게도 아들은 죽고 말았다.

그후 교현은 조조曹操를 만난 적이 있었는데 그때 조조에게 "지금 세상이 어지러워지고 있는데 백성을 살릴 사람은 그대 조조입니다."하고 말했다.

조조는 자기를 알아보는 교현에 감격하여, 교현이 죽자 후하게 제사를 지냈다고 전한다.

　같은 시대 체옹이 교현을 위하여 지은 비문 〈태위교공비太尉橋公碑〉에 '유백절불요有百折不撓, 임대절이불가탈지풍臨大節而不可奪之風' 다시 말해 '백 번 꺾일지언정 휘어지지 않는다.'라는 뜻으로 그 어떤 어려움과 시련에도 굽히지 않는 불굴의 정신을 말하는데, 이 말에서 딴 것이 백절불요百折不撓이다.

　강직하고 의지가 강한 사람은 그 어떤 일에도 흔들리지 않는다. 백 번 꺾일지언정 휘어지지 않는 강한 의지와 근성은 그 어떤 불의에도 굴하지 않고 자신의 소신대로 밀고 나간다. 그리고 마침내 자신이 원하는 것을 이루고 만다.

　백절불요와 비슷한 말로는 '백절불굴百折不屈', '불요불굴不撓不屈'이 있다.

백아절현 伯牙絶絃

백아가 거문고 줄을 끊다
: 자기를 알아주는 참다운 벗을 잃은 슬픔을 비유하여 이르는 말이다.

-《열자列子》〈탕문湯問〉

춘추전국시대 진晉나라에서 벼슬을 지낸 유백아兪伯牙는 거문고를 잘 연주하였다. 그의 친구 종자기鍾子期는 백아의 연주를 듣는 것을 무척이나 좋아했다. 백아가 높은 산을 오르는 듯 기품 있게 연주를 할 때면 종자기가 가만히 듣고 있다 이렇게 말했다.

"하늘 높이 우뚝 솟는 느낌은 마치 태산처럼 웅장하구나."

또한 고요하게 흐르는 물을 생각하며 연주를 하면 이렇게 말했다.

"아주 훌륭해! 물결이 출렁이는 것이 마치 황하와 같구나."

종자기는 백아의 연주를 높이 평가하며 그의 마음을 정확히 읽었다.

백아와 종자기가 산에 놀러갔는데, 갑자기 소나기를 만나 바위 아래에 머물게 되었다. 백아는 슬픈 감정에 사로잡혀 연주를 했다. 처음에는 비가 내리는 곡조를 타다 다시 산이 무너지는 가락으로 이어나갔다. 종자기는 연주의 흐름을 정확히 짚어냈다. 이에 감동한 백아는 자신의 심정을 이렇게 말했다.

"자네가 나의 뜻을 이리도 깊이 알아주다니, 마치 내 마음과 같네. 내 음악을 알아주는 이가 세상에 어디 또 있겠는가."

그러던 어느 날 종자기가 병으로 세상을 떠나고 말았다. 자신의 음악을 들어줄 그가 없음을 크게 슬퍼하고 상심하던 백아는 슬픈 마음을 가누지 못하고 거문고의 줄을 끊어 버리고 다시는 연주를 하지 않았다. 자신의 음악을 알아주던 친구의 죽음이 얼마나 애통하고 괴로웠으면, 자신이 그렇게도 즐겨 연주하던 거문고의 줄을 끊고, 다시는 연주를 하지 않았을까, 생각하니 참다운 친구는 자신을 알아줄 때 진정으로 빛난다는 것을 알 수 있다.

병가상사 兵家常事

싸움에서 항상 있는 일
: 싸움에서 이기기도 하고 지기도 하는 것처럼 성공과 실패에 개의치 말고
  최선을 다하라는 말이다.

- 《당서唐書》〈배도전裵度傳〉

당나라 헌종憲宗은 궁중의 환관宦官과 지방 번진藩鎭의 절도사를 비롯한 여러 난제들로 인해 국운이 쇠약해질 대로 쇠약해진 상황에서 즉위하였다. 이에 헌종은 개혁을 통해 국정을 탄탄히 다지기 위해 문제가 되었던 환관들과 절도사들의 규율을 엄격히 통제하였다. 그러던 중 회서 지방의 절도사 오원제와의 싸움에서 장수 배도가 패하고 돌아오자, 대신들은 오원제와의 싸움에 두려움을 느껴 이 싸움을 멈추자고 간언하였다.

"폐하, 지금 이 상황에서 더 이상의 싸움은 무리가 될 수 있습니다. 그러하니 싸움을 멈춤이 합당한 줄 압니다."

"그 무슨 소리요. 싸움을 여러 번 하다보면 이길 수도 있고 질 수도 있는 것인데, 한 번 졌다고 포기하는 것은 대의를 이룰 수 없소이다. 나는 이 싸움을 계속해서 할 것이오. 그러니 더 이상 거론하지 말기 바라오."

헌종은 승패병가지상사勝敗兵家之常事라는 말로 대신들의 뜻을 누르고 계속해서 개혁의 의지를 불태웠다. 이에 대신들은 더 이상 반대하지 않고 헌종의 뜻을 따랐다. 헌종은 강한 의지로 개혁을 추진한 끝에 국력을 쇠퇴하게 한 난제들을 해결함으로써 비록 일시적이기는 하나 강력한 황제의 권위를 세울 수 있었다.

삶은 성공과 실패의 반복에서 더욱 탄탄하게 영글어간다. 성공은 크게 기뻐할 일이지만, 실패 또한 좌절할 일이 아님을 가슴에 깊이 새길 일이다.

불치하문 不恥下問

아랫사람에게 묻는 것을 부끄러워 하지 않는다
: 손아랫사람이나 지위나 학식이 자신만 못한 사람에게 묻는 것을
  부끄러워 하지 않는다는 뜻이다.

- 《논어論語》〈공야장公冶長〉

위衛나라의 대부 공어孔圉가 죽자 위나라 황제가 그에게 문文이라는 시호를 내렸다. 사람들은 그를 공문자라고 불렀다. 공자의 제자 자공子貢은 공어의 평소 행실이 그처럼 높이 평가를 받기에는 부족하다고 여겼다. 공어는 태숙질을 부추켜 본처를 쫓아내고 자기 딸을 아내로 삼도록 했다. 그런데 태숙질이 자신의 첫 번째 부인과 간통을 하자 공문자는 태숙질을 시해하려고 공자에게 어떻게 해야 할지를 물었다. 공자는 대꾸도 하지 않고 수레를 타고 떠나 버렸다.

태숙질이 송나라로 달아나자 공문자는 자기 딸 공길을 데려와서 태숙질의 동생 유遺에게 아내로 맞도록 했다. 이런 사람의 호학정신을 배우고 계승하도록 하기 위하여 문文이란 시호를 내린 것을 이해할 수 없었던 자공은 그 이유를 공자에게 물었다.

"선생님, 공문자는 어떻게 시호를 문이라고 했습니까?"

이에 공자가 말했다.

"그는 일을 민첩하게 처리하고 공부하기를 좋아했으며, 아랫사람에게 묻는 것을 부끄러워 하지 않았다. 그런 까닭에 시호를 문으로 한 것이다."

이 이야기는 《논어論語》〈공야장公冶長〉에 기록되어 있다.

배우고자 하는 마음만 있다면 배움을 주는 대상이 그 누구든 꺼리지 말고 배워야 한다. 진정한 배움의 가치는 아는 데 있는 것이다.

삼고초려 三顧草廬

초가집을 세 번 돌아보다
: 유능한 인재를 곁에 두기 위해 참을성 있게 노력하는 것을 일러 하는 말이다.

-《삼국지三國志》《촉지蜀志》〈제갈량전諸葛亮傳〉

후한後漢 말기, 유비는 관우와 장비를 도원결의桃園結義을 통해 의형제로 맺었다. 유비는 이들과 더불어 기울어져 가는 한나라의 부흥을 꾀하기 위해 군사를 일으켜 전력을 투구했지만, 능력을 발휘할 수 있는 기회를 잡지 못하고 여기저기를 떠돌며 세월을 허송하였다. 그리고 마지막에는 형주자사 유표에게 몸을 의탁하는 처량한 신세로 전락하였다.

하지만 그의 마음 속에서는 여전히 뜻을 펼쳐야 한다는 울림이 끊이지 않았다. 유능하고 능력 있는 사람이 자신 곁에 있어야 한다는 것을 잘 알았던 그는 여러 사람들을 통해 양양에 은거하고 있는 제갈량에 대해 알게 되었다.

유비는 즉시 관우와 장비와 함께 제갈량을 찾아갔다. 제갈량은 15살이 되기 전에 부모를 여의어 한동안 백부 제갈현의 보살핌을 받다가, 백부가 죽자 형주로 옮겨갔다. 그는 양양의 융중이란 마을에서 농사를 지으며 학문을 연마하였다. 당시 형주에는 전란을 피해온 명망 높은 문인들이 많이 살고 있었는데, 제갈량은 그들과 활발히 교류하였다. 그는 양양 지역의 유명한 문인이며 대부호였던 황승언의 사위로, 20대 중반의 나이에 이미 재야의 현인으로 명성이 자자했다.

첫 번째, 두 번째 만남에 실패한 유비는 세 번째 제갈량을 찾아갔다. 제갈량은 유비가 자신을 세 번째로 찾아온 날, 그에게 앞으로 일어날 일에 대해 일목요연하게 말하며 유비와 뜻을 함께하기로 했다. 그후 제갈량은 유비와 함께하며 자신의 능력을 십분 발휘함으로써 유비가 촉나라를 세우고 제위에 오르는 데 기여하였다.

유비가 세 번이나 제갈량을 찾아간 데서 생긴 말이 삼고초려이다.

상전벽해 桑田碧海

뽕나무 밭이 푸른 바다로 변하다
: 세상이 몰라보게 놀랍도록 변한 것을 비유하는 말이다.

– 갈홍葛洪의 〈신선전神仙傳〉《유정지有劉芝〉〈대비백발홍代悲白髮翁〉

한나라 환제 때, 자를 방평方平이라 하는 신선 왕원王遠이 채경의 집에 강림했다. 방평은 채경의 부모, 형제와 서로 인사한 후 오랫동안 홀로 앉아 있다가 사람을 시켜 마고麻姑를 오게 하였다. 얼마 후 마고가 오자 채경의 전 가족이 그녀를 맞이했다. 마고는 아름다운 처녀로 나이는 18살 혹은 19살 정도였으며, 머리에 쪽을 꼈는데 머리카락이 허리까지 내려왔다. 옷에는 채색의 무늬가 있었는데, 비단은 아니었지만 광채가 눈부셨으며, 그녀의 형태를 형용하기가 어려웠다.

마고는 들어와 왕방평에게 절을 했고, 왕방평은 일어나 그녀를 맞았다. 자리에 앉은 다음 마고는 지니고 온 음식물을 가져오게 했는데, 금 쟁반에 옥으로 만든 잔이었고 음식은 모두 과일 종류로 그 향기가 실내에 가득 퍼졌다. 그녀는 고기 말린 것을 모두에게 나누워 주며 기린의 포라고 했는데 마치 측백나무의 열매 같았다.

마고가 다소곳이 말했다.

"제가 신선님을 모신 이래로 동해東海가 세 번이나 뽕나무 밭으로 변하는 것을 보았답니다. 지난번에 봉래蓬萊에 갔더니 바다가 이전의 반 정도로 얕아져 있었습니다. 다시 육지가 되려는 것일까요?"

왕방평이 말했다.

"동해는 다시 흙먼지를 일으킬 것이라며 성인들이 말씀했소."

이 이야기는 갈홍葛洪의 〈신선전神仙傳〉에 나오는 것으로, 동해가 여러 번 뽕나무 밭으로 변했다는 마고의 말에서 상전벽해라는 말이 유래되었는바, 세상이 몰라보게 놀랍도록 변한 것을 비유하여 이르는 말이다.

소탐대실 小貪大失

작은 것을 탐하다 큰 것을 잃다
: 작은 것에 탐을 내다보면 큰 것을 잃을 수도 있다는 말이다.

- 유주劉晝의《신론新論》

춘추전국시대 촉蜀나라는 드넓은 평야지대에 곡식이 잘되었을 뿐만 아니라 많은 보화寶貨를 지닌 강국이었다. 그러나 촉나라 왕은 욕심이 많아 보화를 축적하는 데 온 심혈을 기울였다. 진秦나라는 촉나라의 이웃나라로 혜왕惠王은 일찍이 촉나라의 부유함을 보고 촉나라를 쳐서 빼앗고 싶은 야심으로 가득했으나, 지형이 험난해서 쉽게 침공을 할 수 없었다.

그러던 어느 날 혜왕은 매우 그럴듯한 아이디어를 떠 올렸다. 그것은 촉나라 왕의 탐욕을 이용하기 위한 계책으로 석수장이에게 대리석으로 커다란 소를 만들게 하였다. 그리고는 이 소가 황금 똥을 눈다고 소문을 퍼트렸다.

그리고 사신을 보내어 촉나라 왕에게 두 나라가 협력해서 길을 뚫는다면 황금 똥 누는 금소를 촉나라 왕에게 선물로 보내겠다고 말했다. 이에 촉나라 왕은 그 말을 굳게 믿고 힘센 백성들을 동원하여 산을 뚫고 계곡을 메워 금소가 지날 수 있는 큰 길을 만들었다. 길이 뚫리자 진나라 왕은 곧바로 촉나라를 공격하여 쉽게 정복하였다. 촉나라 왕은 작은 이익에 욕심을 부리다 나라를 잃고 말았다.

이 이야기는 작은 이익에 연연해하는 탐욕이 얼마나 어리석은 일인지를 잘 알게 한다. 촉나라 왕은 부유함에도 더 많은 것을 탐하다, 결국 진나라에게 멸망당함으로써 가졌던 것을 모두 잃고 마는 우를 범하고 말았다.

인간의 생사화복生死禍福을 결정짓는 것은 각자의 타고난 복에도 있지만, 각자의 성격은 물론, 그 사람의 마인드가 어떤가에 따라 결정지어진다. 그만큼 삶에 대한 마음자세는 매우 중요한 것이다.

승풍파랑 乘風波浪

바람을 타고 물결을 헤쳐 나가다
: 뜻한 바를 이루기 위해서는 온갖 난관을 극복하고 나아가야 함을 이르는
  말이다.

-《송서宋書》〈종각전宗愨傳〉《남사南史》〈종각전宗愨傳〉

남북조시대 송宋나라의 예주자사와 옹주자사를 역임한 종각이란 사람이 있다. 그는 어려서부터 무예가 출중하고 용감했다. 종각이 어렸을 때 그의 숙부 종병이 종각에게 무엇이 되고 싶으냐고 물었다.

종각이 말했다.

"거센 바람을 타고 만 리 거센 물결을 헤쳐 나가고 싶습니다."

그러자 숙부는 그에게 말했다.

"너는 부귀하게 되지 못하겠구나. 우리 집안의 문풍을 무너뜨리다니."

종각의 형인 종필이 혼례를 치렀는데 집에 들어오는 첫날 밤에 강도가 들이 닥쳤다. 당시 종각은 14살이었는데 조금도 두려워하지 않고 용감하게 강도들과 맞서 싸웠다. 강도 십여 명 모두 흩어져 집 안으로 들어오지 못했다.

그 일이 있고 종각은 임읍林邑 지금의 베트남을 정벌하기 위해 원정길에 부관으로 수행하였다. 임읍의 왕이 코끼리 무리를 앞세워 공격하자 송나라 군대는 곤경에 처했다. 이때 종각이 묘책을 내어 병사들을 사자처럼 꾸며 코끼리 무리 앞에서 춤을 추게 하였다. 그러자 코끼리 무리는 놀라 달아났다. 이에 송나라 군대는 그 틈을 놓치지 않고 임읍을 공략했다. 이처럼 종각은 지식과 용기를 겸비한 뛰어난 인물이었다.

종각은 숙부에게서 부귀하지 못하겠다는 수모를 겪었지만, 그는 당당하게 참고 나아감으로써 자신의 말대로 의지를 떨쳐 보일 수 있었다. 만일 그가 숙부의 말에 자신을 포기했다면 그처럼 뛰어난 결과를 낼 수 없었을 것이다.

왕좌지재 王佐之才

왕을 도울 만한 재능

: 왕을 보좌하여 큰 공을 세울 만한 능력을 가진 인재를 비유하는 말이다.

-《후한서後漢書》〈순욱전荀彧傳〉

순욱荀彧은 명문 가문에서 태어났다. 조부 손숙은 순자荀子의 11세손이라고 《후한서後漢書》에 기록되어 있다. 그는 당시 조정을 쥐고 흔들며 권세를 떨치던 양기의 일족을 비판하는 당당함과 용기로 백성들로부터 신군神君이라 불리었다.

아버지 손곤은 상서尚書에서 제남상제후국의 장관이 되었다. 그리고 숙부 순상은 동탁에게서 사공에 임명되었다. 순욱은 명문가의 자제답게 용모가 단정하고 수려했으며, 겸허하고 검소한 인품으로 사람들로부터 칭송이 자자했다.

어느 날 남양에 사는 하옹何顒이란 이가 순욱을 보고 이렇게 말했다.

"왕을 보필할 만한 재주를 지녔구나."

순욱은 자신의 고향이 침략자들로 인해 쑥대밭이 될 것을 알고는 가족을 이끌고 기주로 갔다. 기주를 장악한 원소袁紹는 순욱의 명성에 대해 익히 아는지라 예우를 하였으나, 순욱은 그가 큰일을 도모할 인물이 되지 않음을 보고는 조조에게로 갔다. 조조는 "나의 자방이여, 어서 오시게." 반겨 맞으며 크게 기뻐하였다.

순욱은 지혜가 출중하고 선견지명의 지략으로 조조에게는 천군만마보다도 더 큰 자산이었다. 순욱은 내는 계책마다 조조에게 승리를 안겨주었다. 이렇듯 순욱은 뛰어난 지략과 공정한 자세로 조조를 보좌하여 위나라가 중원의 패권을 차지하는 데 큰공을 세웠다. 무엇보다 그는 조조가 맘 놓고 전투에 임할 수 있도록 조정을 안정시켰으며, 곽가와 순유, 종요 등의 인재를 천거하여 조조에게 큰힘이 되게 한 왕좌지재였다.

29 절차탁마 切磋琢磨

끊고 갈고 쪼고 갈다
: 학문이나 덕행을 갈고 닦는 것을 비유하는 말이다.
- 《논어論語》〈학이편學而篇》《시경詩經》, 위풍衛風의 시 〈기오淇娛〉

《논어》〈학이편學而篇〉에 보면 공자가 제자인 자공과의 문답에서 《시경詩經》의 절차탁마를 인용하여 말하는 대목이 나오는데, 위衛나라 무왕武王의 덕을 칭송한 위풍衛風이 지은 〈기오淇奥〉라는 시의 일부이다.

자공이 스승 공자에게 물었다.

"선생님, 가난하더라도 비굴하지 않으며 부유해도 오만하지 않은 사람이 있다면 그는 어떤 사람입니까?"

이에 공자가 말했다.

"옳긴 하지만 가난하면서도 도를 즐기고, 부유하면서 예를 좋아하는 사람만은 못하느니라."

자공이 또 다시 물었다.

"시경에 '선명하고 아름다운 군자는 뼈나 상아를 잘라서 줄로 다듬은 듯 또한 옥과 돌을 쪼아서 갈고 닦은 듯' 하다고 했는데 이는 선생님께서 말씀하신 '수양에 수양을 쌓아야 한다'는 것을 말하는 것이 옳니까?"

공자에 말했다.

"자공아, 이제야 너와 시경을 말 할 수 있게 되었구나. 지나간 것을 알려주면 미래의 것을 안다고 했듯이 너야말로 이를 알아냈구나."

뼈를 자르는 것을 절切이라 하고, 상아를 다듬는 것을 차磋라고 한다. 옥을 쪼는 것을 탁琢이라하고, 돌을 가는 것을 미磨라고 한다. 이는 무엇을 말하는가? 귀한 것을 만들 듯 학문을 높이 쌓기 위해서는 뼈를 깎는 노력과 열정이 함께해야 함을 말한다.

30 쾌도난마 快刀亂麻

잘 드는 칼로 헝클어진 삼의 가닥을 자르다
: 얽히고설킨 문제를 명쾌하게 처리함을 비유하여 이르는 말이다.

－《북제서北齊書》〈문선제기文宣帝紀〉

남북조시대南北朝時代, 북조 위나라 효정제孝靜帝 때 승상으로 있던 고환高歡에게는 아들이 여럿 있었다. 어느 날 고환은 아들들의 지혜와 재능을 알아보기 위해 시험을 해보고 싶은 마음에 아들들을 불러 모았다.

"자, 여기 삼이 있으니, 한번 추려 보거라!"

고환은 이리저리 얽힌 삼을 한 줌씩 주며 말했다. 아들들은 느닷없는 아버지 말에 당황스럽기도 했지만, 모두들 얽힌 삼을 한 가닥씩 추려내기 시작했다. 고환은 그 모습을 물끄러미 바라보고 있는데 고양高洋이라는 아들은 다른 형제와는 달리 날카로운 칼로 얽힌 삼 가닥을 단숨에 잘라버렸다. 고양은 아버지에게 다 했다고 말했다. 고환은 헝클어진 삼이 잘려진 것을 보고 고양에게 물었다.

"너는 어째서 이렇게 삼을 잘랐느냐?"

고양이 말했다.

"헝클어진 것은 잘라버려야 합니다."

아들의 말을 듣고 고환은 놀라워하면서 이 아이가 장차 크게 될 거라고 생각하였다. 훗날 고양은 효정제의 제위를 빼앗고 황제가 되었다. 그가 세운 나라는 제齊나라였으며 그는 북제의 문선제文宣帝가 되었다.

이 이야기에서 보듯 다른 아들들은 얽힌 삼을 한 가닥씩 뽑아 정리하는 것만 생각했지, 고양과 같은 생각은 전혀 하지 못했다. 그런데 고양은 그들과는 전혀 다른 생각을 함으로써 아버지 고환에게 크게 될 인물로 인정받았으며, 고환의 생각대로 그는 왕이 되었다. 이렇듯 같은 문제도 어떻게 해결하느냐에 따라 그 사람의 능력이 평가받는 것이다.

CHAPTER
6

빛나는 문장을 마음에 담다

— 세계 명언 —

진실한 사랑

때때로 줄기만이 자라고 꽃이 피지 않는 때가 있다.
또 꽃만 피고 열매가 열리지 않는 때가 있다.
진실이란 것을 알고 있는 사람은 진실을 사랑하고 있다고 말해도 좋다.
그러나 진실을 사랑한다고 해도 사랑함으로써
진실을 행하고 있다고는 말 할 수 없는 것이다.

거짓 없는 마음은 사람을 사귈 때나, 사랑할 때나, 어떤 일을 하는 데 있어서나 반드시 필요한 마인드이다. 거짓 없는 사람은 진실한 사람으로 누구에게나 믿음을 주고 신뢰를 갖게 한다.

특히 사랑하게 되면 진실한 마음으로 상대를 사랑해야 한다. 거짓을 말하거나 거짓된 행동을 한다면 둘 사이가 불행해질 수 있다. 불행한 사랑을 한다는 것은 자신들은 물론 주변 사람들에게도 깊은 상처를 주게 된다.

공자는 진실이란 것을 알고 있는 사람은 진실을 사랑하고 있다고 말해도 좋다고 했는데, 진실한 말과 행동은 진실한 마음에서 오기 때문이다.

자신이 진실한 사람인지를 진지하게 생각해보는 것은 매우 중요하다. 그렇다면 자신이 진실한지 아닌지를 어떻게 알 수 있을까? 그것은 자신의 양심에 비추어 자신에게 진실하면 진실한 것이고, 부끄럽다면 누구에게든지 부끄러운 사람일 수밖에 없다. 왜냐하면 자신도 모르게 일상생활에 그대로 나타나기 때문이다.

진실한 사람이 되어 진실한 사랑을 하고 싶다면 거짓된 말과 행동을 떨쳐버려야 한다. 거짓이 담긴 말과 행동은 반드시 버려야 하는 쓰레기와 같다. 그러나 진실한 말과 행동은 반드시 취해야 할 삶의 보석이다.

• 공자(BC 551~BC 479)
　중국 춘추전국시대의 교육자, 철학자, 사상가, 학자. 유교의 시조

02 인생이 존재하는 목적

**인간이 존재하는 목적은
부자가 되기 위해서가 아니라
행복하기 위해서다.**

인간은 누구나 행복하기를 바란다. 먹고, 마시고, 공부하고, 일하고, 사랑하고, 결혼하는 것은 행복해지기 위해서이다. 행복은 인간이 추구하는 가장 기본적이면서도, 가장 으뜸이 되는 삶의 목적이다.

그런데 어떤 사람들은 더 많은 것을 갖기 위해 남에게 못할 짓을 하고, 더 높은 자리에 앉기 위해 남을 중상모략하기도 한다. 또 없는 사실을 만들어 상대를 곤경에 처하게 하고, 있는 사실을 은폐하기도 한다.

진실을 왜곡하는 것은 그 어떤 것일지라도 용서받을 수 없다. 그것은 자신은 물론 상대를 고통스럽게 하는 결과를 낳기 때문이다. 뿐만 아니라 사회의 질서를 무너뜨리는 행위이다. 이런 상황에서 인간은 전혀 행복을 느낄 수 없다. 다만 불행하다고 느낄 뿐이다.

자신이 행복해지기 위해서는 행복한 일을 해야 한다. 그렇게 될 때 자신은 물론, 남도 행복하게 되고 이런 사람들이 많아질 때 행복한 사회가 된다.

인간은 행복하기 위해 태어난 존재이다. 하지만 저절로 오는 행복은 없다. 행복해지고 싶다면 행복한 일을 해야 한다. 그것이 행복해질 수 있는 가장 확실한 방법이다.

• 스탕달(1783~1842)
  프랑스 소설가. 프랑스 사실주의 문학의 시조

03 고락에서 오는 행복

아무런 노력도 없이 얻는 행복은
곧 달아나 버린다.
참다운 행복은 고락을 통해
마음을 단련시킴으로써 얻어지는 것이다.
그런 행복은 다시는 잃는 법이 없다.

노력 없이 요행을 바라는 사람들이 있다. 요행을 바라는 사람들은 대개 허황된 마음에 들떠 있는 사람이다. 하늘에서 돈벼락이나 내렸으면, 어디 뭐 좋은 것 없을까 하고 망상에 잠긴다.

요행은 자신의 능력을 소멸시키는 좀과 같다. 좀이 옷을 슬듯 요행은 자신의 능력을 살금살금 갉아먹는다. 자신이 불행해지지 않으려면 요행이라는 망상에서 벗어나야한다.

노력 없이는 자신이 원하는 것을 얻을 수 없다. 자신이 원하는 것을 얻기 위해서는 땀을 흘리고, 열정을 바쳐야 한다. 이처럼 노력을 통해 이룬 행복은 쉽게 사라지지 않는다. 그 이유는 고락어려움과 기쁨이 이 함께 했기 때문이다. 그러나 노력 없이 이룬 행복은 모래 위에 지은 집과 같아 쉽게 사라져 버린다. 어려움과 기쁨이 함께하지 않아 그 소중함을 모르는 까닭이다.

그런 까닭에 노력에 대한 바른 가치관을 기르는 것이 무엇보다 중요하다. 바른 가치관을 갖게 되면 허황된 꿈을 꾸지 않는다. 아무리 힘들고 어려워도 오직 노력을 통해서만 자신의 꿈을 이루려고 한다. 고락을 통한 행복, 그것이야말로 참된 행복이다.

• 채근담(採根譚)
명나라 고전 문학가인 홍자성(본명 홍응명)의 어록으로 삼교일치의 처세 철학서

04 친절한 벗

친절한 벗의 선물은
아무리 사소한 것일지라도
가치 있는 것으로 여겨야 한다.
친절한 마음씨만으로도
이내 하나의 선물이 되기 때문이다.

'친절'은 사람 사이를 부드럽고 따뜻한 관계로 만들어 준다. 그래서 친절한 사람을 보면 기분이 좋고, 좋은 사람일 거라는 생각이 든다.

친전한 행동은 친절을 베푸는 사람뿐만 아니라 주변에 있는 모든 사람들을 행복하게 만든다. 친절은 아무리 베풀어도 부족함이 없다. 많으면 많을수록 더욱 좋은 것이 친절이다.

하버드대학 긍정심리학 교수이자《하버드대 52주 행복연습》의 저자인 탈 벤 샤하르는 말하기를 "친절을 베푸는 과정에서 얻은 행복은 마르지 않는 샘물과 같다. 몇몇 사람만이 행복을 맛보지 않는다. 한 사람이 행복을 얻는다고 해서 다른 사람이 행복을 잃지 않는다."라고 했다.

이 말이 의미하는 것은 친절은 많이 베풀수록 좋다는 것이다. 친절은 모두를 행복하게 하는 아름다운 행위이다. '친절'한 마음을 습관화한다면, 누구에게나 친절을 베푸는 좋은 사람으로 인정받게 됨으로써 보람되고 만족한 행복을 누릴 수 있게 될 것이다.

친절하라. 친절한 만큼 삶은 기쁨이 되어 돌아온다.

• 테오크리토스Theocritus (B.C 310~BC 250) 고대 그리스 시인. 전원시 창시자

05 새로운 생각 기르기

진정 무엇인가를 발견하는 여행은
새로운 풍경을 바라보는 것이 아니라
새로운 눈을 가지는 데 있다.

지금보다 나은 나로 살아가기 위해서는 새로운 생각을 가져야 한다. 새로운 생각은 새로운 변화를 이끌어내는 에너지이다. 그런데 문제는 새로운 생각은 저절로 오지 않는다는 것이다. 새로운 생각을 갖기 위해서는 그만한 노력이 있어야 한다.

새로운 생각을 갖기 위해서는 어떻게 해야 할까?

첫째, 독서를 통해 새롭고 풍부한 지식을 길러야 한다. 현대는 시시각각 변하는 초스피드 시대다. 한 눈을 팔거나 게으름을 피우다가는 시대에 뒤떨어지고 만다. 시대에 뒤처지지 않고 앞서가기 위해서는 독서가 필수이다.

둘째, 언제나 긍정적인 생각을 가져야 한다. 긍정적인 생각은 새로운 아이디어로 도전정신을 갖게 하는 참 좋은 마인드이다. 긍정적인 생각만 갖고 있다면 불가능한 일도 능히 헤쳐나갈 수 있다.

셋째, 창의적이고 생산적인 사고를 길러야 한다. 같은 것을 보더라도 새롭게 보는 눈을 가지라는 말이다. 새로운 눈을 가지면 새로운 생각을 하게 되고 자신만의 경쟁력을 키우는 데 큰 도움이 된다.

이 세 가지만 실천할 수 있다면 새로운 생각을 기르는 데 큰 도움이 된다. 그리고 나아가 자신이 원하는 삶을 실행함으로써 만족한 행복을 느끼게 될 것이다.

• 마르셀 프루스트Marcel Proust(1871~1922) 프랑스 소설가

무엇이든 시작은 어려운 법이다

모든 것의 시작은 위험하다.
그러나 무엇을 막론하고, 시작하지 않으면
아무것도 시작되지 않는다.

독일의 철학자 니체는 모든 시작은 위험하다고 말했다. 여기서 위험하다는 것은 어렵다라는 의미이다. 모든 시작이 어려운 것은 당연하다. 처음 시도하는 것은 그것이 무엇이든 이제껏 한 번도 경험해보지 않아서 어려움을 느끼는 것이다.

그러나 분명히 알아야 할 것은 처음을 시작하지 않으면 그 어떤 것도 할 수 없다는 사실이다. 우리가 불가능하다고 믿었던 것도 시작을 했기에 해낼 수 있었다. 이처럼 아무리 어려운 일도 일단 시작을 하면 얼마든지 해나갈 수 있다. 인간은 무한한 능력을 지닌 존재이기 때문이다. 용기를 갖고 끝까지 해내고자하는 강인한 의지만 있으면 충분히 해낼 수 있다. 다만 용기를 내지 못해서 못하는 것일 뿐이다.

'시작이 반이다.' 라는 속담처럼 일단 시작하는 것이 어렵지, 시작만 하면 얼마든지 할 수 있다. 이는 불변의 법칙과도 같은 삶의 진리이다.

그렇다. 많이 배운 사람이든, 못 배운 사람이든, 지위가 높든 지위가 낮든, 잘났든 못났든 누구에게나 모든 것의 시작은 어렵다. 하지만 용기와 자신감만 있다면 그 어떤 일도 과감하게 시작할 수 있다.

• 프리드리히 니체(1844~1900)
  19세기 독일의 철학자이자 시인

07 선택의 중요성

인생은
변화하고 성장은 선택사항이다.
현명하게 선택해야 한다.

사람은 누구나 자신의 인생을 행복하게 살 권리가 있다. 그래서 행복한 인생이 되기 위해 저마다 자신의 꿈을 이루기 위해 노력한다. 여기서 중요한 사실은 자신이 무슨 선택을 할 것인가를 결정해야 한다는 것이다. 다시 말해 자신이 하고 싶은 것을 잘 선택해야 한다. 어떤 선택을 하느냐에 따라 인생의 결과는 달라지기 때문이다.

선택을 할 때 마음에 새길 것은 첫째, 남의 것이 좋아 보여 겉모습만 보고 선택을 하다보면 실패할 확률이 높다. 겉모습을 보고 절대 선택해서는 안 된다. 둘째, 자신이 좋아하고 가장 잘 할 수 있는 것을 선택하라. 자신이 좋아하는 일은 힘들어도 포기하지 않는다. 그래서 성공할 확률이 높다. 셋째, 긍지와 자부심을 가질 수 있는 일을 선택하라. 이런 일은 삶의 가치를 한껏 끌어 올린다. 가치 있는 일은 스스로를 만족하게 한다.

그 누구든 자신의 꿈을 선택할 때 이 세 가지 기준에 맞춰 선택한다면 생산적이고 창조적인 삶을 살아가게 됨으로써 행복하게 된다. 선택이 좋으면 자신이 성장해나가는 데 큰 도움이 되기 때문이다.

스티브 잡스, 빌 게이츠, 스티븐 스필버그, 메시 등 자신의 꿈을 이룬 사람들은 하나같이 선택의 귀재이다. 이렇듯 선택은 성공을 결정짓는 매우 중요한 성공 요소이다. 신중히 그리고 똑똑하게 선택하라.

• 카렌 카이저 클라크(1960~)
  미국의 저술가이자 강연가

08 어려움은 누구에게나 있다

어려움은 나뿐만 아니라
남에게도 있었고 그들은
그 어려운 장벽 앞에서도 굴하지 않고
힘차게 뚫고 나갔다는 것을 기억하라.

어려움은 누구에게나 찾아오는 '인생의 손님'이다. 반가운 손님은 아니지만 피해갈 수 없다면 맞서 이겨내야 한다. 이겨내지 못하면 자신이 원하는 것을 얻지 못한다.

르네상스 시대의 화가이자 조각가이며, 건축가였던 미켈란젤로. 그는 명작 〈최후의 심판〉을 그렸으며, 유명한 〈다비드 상〉을 조각했고, 성 베드로 대성당을 건축한 것으로 유명하다. 한 사람이 지닌 재능으로는 축복이 아닐 수 없다. 하지만 미켈란젤로는 가난을 운명처럼 여기며 살았다. 너무도 가난했던 그는 돈이 없어 일꾼들과 한방에서 지냈다. 가난은 사람을 궁지로 몰아넣기도 하고, 비굴하게 만들기도 한다. 미켈란젤로는 가난의 악조건 속에서도 언제나 묵묵히 자신의 일에 열정을 다했다. 그 결과 세계 미술사에 영원히 남아 사람들에게서 존경받고 있다.

조금만 힘들고 어려워도 징징거리는 사람들을 볼 수 있다. 이런 자세로는 그 어떤 일도 제대로 해내기 힘들다. 굳건한 의지와 용기를 갖고 해야 한다. 그랬을 때 좋은 결과가 나타난다.

어려움에 지지 않는 그대가 되라.

• 노만 빈센트 필(1898~1993)
　미국의 목사이자 작가

09 성공의 의지

성공은 성공하려는 사람에게 자연히 따라온다.
성공하고 싶다면, 내면의 감정이 어떠하든
성공의 기운을 발산해야 한다.

"성공은 성공하려는 사람에게 자연히 따라온다."

미국 하버드대학 교수이자 심리학자인 윌리엄 제임스의 말은 성공을 하고 싶다면 성공의 의지를 지니라는 것이다. 왜 그럴까? 성공의 의지를 강렬하게 가지면 내면 깊숙이 내재되어 '성공'이란 말만 들어도 성공해야겠다는 의지를 발동시키기 때문이다. 잠재의식이란 무서운 것이다. 무의식의 세계에서도 또렷이 나타나 강하게 작용한다.

미국 존스홉킨스의과대학 설립자이며 근대 의학의 아버지로 불리는 윌리엄 오슬러는 평범한 의학도였다. 그는 의학공부를 하면서도 성공에 대한 확신이 없어 자신감이 없었다. 그랬던 그가 독하게 마음먹고 공부한 끝에 의사가 되고 성공할 수 있었던 비결은 무엇일까.

그것은 바로 토머스 칼라일의 글을 대하고 나서 그의 마음이 변했기 때문이다. 다음은 그가 감동을 받은 문구이다.

"우리들의 중요한 임무는 멀리 있는 희미한 사물을 보는 것이 아니라 뚜렷하게 자신 가까이에 있는 것을 몸소 실천하는 데 있다."

오슬러는 칼라일의 글에서 용기를 얻고 성공의 의지를 발동하여 실천한 끝에 성공을 이뤄낸 것이다. 성공의 의지를 갖는다는 것, 그것은 곧 성공할 수 있다는 확신을 의미한다.

• 윌리엄 제임스(1842~1910)
미국 하버드대학 교수, 심리학자이자 철학자

성공했다고 믿고 시작하라

성공은 마음가짐의 문제다.
성공을 원한다면
먼저 자신을 성공한 인물로 생각하라.

세계적인 호텔로 유명한 힐튼 호텔의 창업주인 콘라드 힐튼은 가난한 소년시절을 보냈다. 어른이 된 그는 호텔 벨보이가 되었다. 그는 비록 고객의 잔심부름을 하는 일을 했지만 꿈이 있었다. 그의 꿈은 세계에서 가장 크고 좋은 호텔을 갖는 것이었다. 그는 이런 자신의 꿈을 종이에 적어 미국에서 가장 큰 호텔 사진과 같이 책상 위에 붙여놓고는 수시로 바라보며 꿈을 키워나갔다. 성공한 자신을 상상하는 것만으로도 행복했다.

힐튼은 자신을 게을리하는 것을 스스로 용납하지 않았다. 게으름은 자신의 꿈을 가로막는 나쁜 적으로 간주한 것이다. 그는 동료들이 게으름을 피우고 놀 때도 한시도 멈추는 법이 없었다. 그의 성실한 모습은 사람들에게 좋은 인상을 심어주었다. 그렇게 열심히 한길로 달려간 끝에 그는 모오블리라는 사람이 경영하던 호텔을 인수할 수 있었다. 벨 보이던 그가 호텔의 사장이 됐다는 것은 그에겐 기적과도 같은 일이었다.

그는 거기에 머무르지 않고, 최상의 서비스로 고객들에게 최선을 다하자 호텔 수익은 날로 증가하였다. 그는 자신이 상상하는 대로 호텔을 하나씩 늘려나갔다. 그리고 마침내 전 세계에 250여 개의 호텔을 갖게 되었다.

상상의 힘은 참 놀랍다. 상상의 힘이 호텔 벨 보이였던 힐튼을 호텔 왕이 되게 한 것처럼 자신이 상상한 대로 실천한다면 상상을 현실로 만들게 될 것이다.

• 조이스 브러더스Joyce Brothers(1927~2013)
  미국의 심리학자

# 지금 당장 시도하라

시도하고 또 시도하는 자만이
성공을 이루어내고 그것을 유지한다.
시도한다고 잃을 것은 없으며, 성공하면 커다란 수확을 얻게 된다.
그러니 일단 시도해보라. 망설이지 말고 지금 당장 해보라.

바보들은 항상 결심만 하다만다는 말이 있다. 시도하지 못하는 결심은 아무것도 아니다. 마치 알맹이 없는 열매와 같다. 무슨 일을 하던 결과를 얻기 위해서는 자신이 결심한 것을 지금 당장 시도해야 한다. 머뭇거리거나 생각만으로 끝나면 그 어떤 결실도 맺지 못한다.

중국의 삼대 시인 가운데 도연명은 말하기를 "세월은 사람을 기다려주지 않는다."고 했다. 이 말이 의미하는 것은 무엇인가를 이루고 싶다면 게으름을 피우지 말고 부지런히 힘쓰라는 말이다.

그렇다. 시간은 흐르는 강물과 같아 붙잡아 둘 수가 없다. 시간은 앞으로만 가는 에고이스트이다. 그래서 시간에 질질 끌려가는 사람은 시간의 노예가 되어 자신이 원하는 것은 고사하고 남에게 뒤처지고 만다.

그러나 시간을 리드하는 사람은 자신이 원하는 대로 살아가게 된다. 시간을 리드하기 위해서는 자신이 생각한 것을 지금 당장 시도하는 것이다. 시간은 리드하는 사람을 좋아하고 그에게 원하는 것을 선물한다.

시간에게 끌려갈 것인가, 아니면 시간을 끌고 갈 것인가는 매우 중요하다. 시간에 끌려가고 싶지 않다면 자신이 계획한 것을 지금 당장 시작하라. 시작하는 자만이 원하는 것을 얻을 수 있다.

• 클레멘트 스톤(1902~2002)
　미국의 기업인

12 승자의 자세

승자는 눈을 밟아 길을 만들지만
패자는 눈이 녹기를
끊임없이 기다리고 기다린다.

승자와 패자의 가장 확실한 차이점은 '긍정'과 '부정'에 있다. 승자는 매사를 긍정적으로 생각한다. 아무리 불가능한 일도 긍정의 눈으로 바라본다. 그러나 패자는 매사를 부정적으로 생각한다. 충분히 할 수 있는 것도 부정의 눈으로 바라본다. 이처럼 긍정과 부정은 엄청난 결과를 가져온다.

이순신 장군이 왜군과의 전쟁에서 전승을 거둘 수 있었던 것은 모든 것을 긍정의 눈으로 바라보고 나아갔기 때문이다. 이순신 장군은 최악의 순간에도 긍정의 힘을 잃지 않았다. 이순신 장군은 눈을 밟아 길을 만드는 스타일이다. 눈이 녹기를 기다린다는 것은 패배를 부르는 부정적인 마인드라는 걸 너무도 잘 알았던 명장 가운데 명장이었다.

하지만 신립 장군은 탄금대에서 배수진을 치고 왜군을 맞았다. 이는 매우 잘못된 선택이었다. 왜군이 들어오길 기다리지 말고 적극적으로 공격을 했더라면 처절하게 패배하는 불충은 저지르지 않았을 것이다.

이순신 장군은 눈을 밟으며 길을 만든 승자였고, 신립 장군은 눈이 녹기를 기다린 패자였던 것이다. 이 점이 이순신 장군과 신립 장군의 극명한 차이다.

꿈을 이루기 위해 많은 어려움을 겪게 된다. 어려움에 처하더라도 적극 대처하는 것이 어려움을 극복해내는 가장 좋은 방법임을 잊지 말고 실천하라.

• 탈무드
　교훈, 교의라는 뜻의 유대인의 민족서인 지혜서

13 위대한 도전정신

돌이켜 보면
나의 생애는 일곱 번 넘어지고
여덟 번 일어났던 것이다.

실패 없는 도전은 없고, 도전 없는 성공은 없다. 모든 성공 뒤엔 가슴 쓰린 실패가 있기 마련이다. 그런데 문제는 실패를 했을 때 어떤 자세를 갖느냐가 매우 중요하다. 실패를 하면 대개 상실감에 젖어 자신을 질책하곤 한다.

물론 그럴 수 있다. 하지만 질책이 길어져 자신감을 잃으면 도전하는 것에 대해 두려움을 갖는다. 일단 두려움이라는 감옥에 갇히면 다시 용기를 갖기 위해서는 많은 시간이 필요하다. 이는 인생에 있어 매우 소모적인 일이다. 이처럼 불필요한 소모를 막기 위해서는 설령 반복된 실패를 하더라도 두려움에 사로잡히지 말아야 한다. 속은 상하겠지만 아무렇지도 않게 넘길 수 있어야 한다. 이것 또한 용기이다.

미국 대통령 가운데 유일하게 4선 대통령인 프랭클린 루스벨트는 실패를 누구보다도 많이 한 사람이다. 그러나 그는 실패를 성공의 디딤돌로 삼고 성공한 대통령이 될 수 있었다. 발명가 에디슨은 누구보다도 실패를 많이 했다. 그러나 많은 실패를 통해 천 가지가 넘는 발명품을 탄생시킬 수 있었다.

실패를 두려워하지 않는 강심장이 돼라. 실패를 이겨내면 반드시 자신이 원하는 것을 얻게 된다. 그러나 이겨내지 못하면 원하는 것을 놓치고 만다. 실패는 성공의 디딤돌이다.

• 프랭클린 D. 루스벨트(1882~1945)
  미국의 정치가. 미국 역사상 최초로 4선 대통령

# 14 세상을 뛰어넘기

**성공하려면 세상의 모습을 있는 그대로
받아들이되 그것을 뛰어넘어야 한다.**

핑계 없는 무덤은 없다라는 속담이 있다. 이는 어떤 일에 있어 결과에 대해 변명을 해댐을 경계하여 이르는 말이다.

무슨 일이든 잘 해나가는 사람은 어떤 상황에서도 결코 변명 따위는 하지 않는다. 그것은 스스로를 나약한 존재라고 인정하는 것과 같다. 그러나 그 어떤 일도 잘 하지 못하는 사람은 변명으로 일관한다. 변명함으로써 자신의 잘못을 회피하려는 마음에서다. 하지만 이는 스스로 묻힐 웅덩이를 파는 것과 같다. 쓸데 없는 변명은 치졸하고 무가치한 일이다.

"성공하려면 세상의 모습을 있는 그대로 받아들이되 그것을 뛰어넘어야 한다."는 마이클 코다의 말은 어떤 상황에서도 자신에게 주어진 일에 열정을 다하라는 것이다. 그렇게 할 수 있다면 반드시 좋은 결과를 얻음을 뜻한다.

세상은 자신이 원하는 대로 따라주지 않는다. 그래도 자신이 원하는 것을 얻기 위해서는 반드시 세상을 뛰어 넘어야 한다. 세상은 가만히 있는 자에게 '성공의 마시멜로'를 주지 않는다.

세상은 아주 냉정한 고집쟁이와 같다. 고집쟁이인 세상을 이기고 자신이 원하는 것을 얻기란 결코 쉽지 않다. 세상을 뛰어넘는 10대가 되라. 그랬을 때 자신이 바라는 대로 멋진 인생의 그림을 완성시킬 수 있다.

• 마이클 코다(1933~)
미국의 저술가. 출판편집자. 영화미술감독

한 걸음씩 나아가라

한 걸음 한 걸음 단계를 밟아 나아가라.
그것이 무언가를 성취하려는
내가 아는 유일한 방법이다.

세계에서 농구를 가장 잘 하는 남자 마이클 조던. 120년 농구 역사에서 가장 위대한 선수로 평가받는 그는 농구 황제, 농구계의 신사 등으로 불린다. 그에 대한 수식어는 실로 그를 더욱 위대한 선수로 높여준다.

그의 현란한 드리 볼은 예술적 경지에 이르렀고, 농구 선수로는 비교적 작은 키198Cm 에서 돌고래처럼 솟구쳐 오르며 내리 꽂는 덩크슛은, 보는 이들에게 탄성을 자아내게 한다.

조던이 NBA의 최고의 선수가 될 수 있었던 것은 그의 천재적 재능에도 있지만 지치지 않는 열정으로 누구보다도 피나는 연습의 결과였다. 그는 농구선수로는 작은 키를 보완하기 위해 하루에도 수백 번 씩 점프 연습을 했다고 한다. 꾸준한 점프 연습으로 그는 다리에 근육을 키울 수 있었고 제자리에서 1m를 뛸 수 있게 되었다.

그가 덩크슛의 달인이 된 것이나, 자신보다 10cm나 더 큰 선수들을 제치고 공중 볼을 잡아낼 수 있는 것이나, 어느 각도에서도 슛이 가능한 것이나, 다양한 공격 기술이나, 수비 기술 역시 피나는 노력이 이룬 결과이다.

자신이 원하는 분야에서 최고가 되고 싶다면 조던이 그랬듯이 한 걸음 한 걸음씩 꾸준히 하면서 기초를 튼튼히 길러야 한다.

• 마이클 조던(1963~   )
NBA 전 농구선수. NBA 올스타전 MVP(1998), NBA 파이널 MVP(1998), NBA 최우수 선수상(1998)

16 인생의 그릇을 크게 하기

**인간은 결국 자신의 그릇 크기만큼의
인생밖에 살 수가 없다.**

사람은 저마다 자신의 인생을 살아간다. 그런데 어떤 사람은 자신이 원하는 삶을 사는데, 또 다른 사람은 자신이 원하는 삶을 살지 못한다. 이는 무엇 때문인가. 그것은 인생의 그릇의 크기가 다르기 때문이다.

자신이 원하는 삶을 사는 사람은 자신의 인생의 그릇의 크기를 채우기 위해 부단한 노력을 기울인다. 그렇게 하지 않으면 자신의 인생의 그릇을 채울 수 없기 때문이다. 그러나 자신이 원하는 삶을 살지 못하는 사람은 자신의 인생의 그릇을 채우기 위해 그만큼의 노력을 하지 않는다. 노력하지 않으면 절대 자신의 인생의 그릇을 채울 수 없다.

삶은 그 어떤 것도 거저 주지 않는다. 자기가 공을 들인 꼭 그만큼만 준다. 자신이 원하는 삶을 살고 싶다면 최소한 자신이 원하는 만큼 노력을 들여야 한다. 그것이 자신에게도 떳떳하고, 다른 사람들에게도 자신의 가치를 당당하게 인식시킬 수 있다.

자신이 원하는 삶을 사는 대부분의 사람들은 젊은시절을 알차게 잘 보냈다는 것을 알 수 있다. 인생의 기초를 탄탄히 하면 인생의 그릇을 키우는 데 큰 힘이 되기 때문이다.

• 장 폴 사르트르(1905~1980)
  프랑스 실존주의 철학자. 소설가. 극작가. 평론가

17 용기 있는 사람

**용기 있는 사람은 적이라 할지라도
나는 그를 존경한다.**

프랑스의 영웅 나폴레옹은 "나의 사전에 불가능은 없다."고 말할 정도로 도전정신이 강하고 용기백배하였다. 그는 강인한 의지와 용기로 하는 전쟁마다 승리로 이끌어 프랑스 국민들에게 열렬한 지지를 받았다. 그의 용맹성은 사자와 같고, 지략은 여우를 닮았다.

남아프리카공화국을 민주국가로 만든 넬슨 만델라는 진취적인 용기로 유명하다. 그는 백인 정부에 맞서 죽음을 불사하고 투쟁하였다. 백인 정부는 그를 무려 27년 동안이나 감옥에 가둬두었다.

하지만 만델라의 자유와 평화에 대한 신념을 꺾지 못했다. 감옥에서 나온 만델라는 백인 정부와의 협상을 통해 민주주의 방식의 선거를 거쳐 흑인으로는 최초의 대통령이 되었다. 그는 자신을 죽음으로 내 몰았던 사람들 모두를 용서하고 화해함으로써 진정한 승리자가 되었다. 그가 보인 위대한 행동이야말로 진정한 용기이다.

나폴레옹이 적이라도 용기 있는 자를 존경한다고 말한 것은 용기 있는 자는 범접할 수 없는 힘을 지니고 있는 까닭이다.

이처럼 용기는 인간에게 있어 매우 중요한 마인드이다. 용기는 인간이라면 반드시 갖춰야 할 소중한 성공 요소임을 잊지 마라.

• 나폴레옹 보나파르트(1769~1821)
  프랑스 황제

18 내 마음 살피기

항상 내 마음을 경계하라.
그리고 내 행동을 살펴라.
아껴 쓰지 않으면 집이 망하고,
청렴하지 못하면 자리를 잃는다.

자신에 대해 늘 살피는 자세를 가져야 한다. 그래서 잘한 일은 더 잘하도록 하고, 잘못한 일은 즉시 고쳐야 한다. 그래야 자신을 잘 가꾸게 됨으로써 성품을 좋게 갖출 수 있다.

자신을 잘 가꾸기 위해서는 어떻게 해야 할까?

첫째, 하루에 한 번씩 그 날 잘한 일과 잘못한 일을 살펴보는 시간을 가져야 한다. 그리고 그에 맞게 마음을 대처하라. 둘째, 무슨 일에서든 원칙을 지키도록 해야 한다. 그래야 느슨해지는 몸과 마음을 바르게 할 수 있다. 셋째, 항상 바르게 생각하고, 바르게 행동해야 한다. 이런 자세는 누구에게든 신뢰를 받게 한다. 넷째, 절약정신을 길러야 한다. 절약정신은 자제력을 기르는 데 참 좋은 방법이다. 자제력이 좋아야 실수를 막을 수 있다. 다섯째, 자신에게 엄격하고 남에게는 관대해야 한다. 이런 자세는 자신을 바르게 하고, 남에게는 너그러운 사람으로 인정받게 한다.

이 다섯 가지를 꾸준하게 실천한다면 누구에게나 인정받는 사람으로 거듭남으로써 자신을 행복하게 한다.

• 회남자(淮南子)
  제자백가와 당대의 지식을 총망라한 중국의 대표적인 고전

19 습관도 노력이다

> 모든 습관은 노력에 의해 굳어진다.
> 잘 걷는 습관을 기르기 위해서는 많이 걷고,
> 잘 달리기 위해서는 많이 달려야 한다.

'습관의 힘'은 그 어떤 것보다도 힘이 세다. 그래서 좋은 습관을 가졌느냐 나쁜 습관을 가졌느냐는 매우 중요하다. 독서의 습관, 부지런한 습관, 약속을 잘 지키는 습관 등은 자신이 성장하는 데 큰 도움을 준다.

그러나 게으른 습관, 약속을 잘 지키지 않는 습관, 남의 흉을 보는 습관 등은 자신에게 무익할 뿐만 아니라 자신에게 악영향을 줌으로써 자신의 발전을 방해한다.

그렇다면 문제는 간단하다. 습관을 잘들이면 된다. 좋은 습관을 들이기 위해서는 꾸준히 하는 노력이 필요하다. 귀찮다고 하다말고 하면 좋은 습관을 들일 수 없다.

이에 대해 고대 그리스 철학자 에픽테토스는 "모든 습관은 노력에서 굳어진다."고 했다. 또 영국의 시인 키츠는 "습관은 제2의 천성이다."라고 했다. 이렇듯 좋은 습관은 노력에서 길러지고, 타고난 성격처럼 매우 중요해서 함부로 습관을 들여서는 안 되는 것이다.

성공적인 인생을 살았던 사람들은 성공할 수밖에 없는 좋은 습관을 가지고 있었다. 독일의 철학자 칸트는 시간관리를 잘했으며, 나폴레옹은 좋은 독서습관으로 유명하며, 헨리 포드는 칭찬을 잘했던 것으로 유명하다. 자신의 인생의 씨앗이 잘 자랄 수 있도록 자신만의 좋은 습관을 길러라.

• 에픽테토스(55~135)
고대 그리스 스토아 학파 철학자

20 자신을 믿어라

**아무도 당신을 믿지 않을 때도
자기 자신을 믿는 것, 그것이 챔피언이 되는 길이다.**

자신을 믿는 것은 참 중요하다. 자신을 믿으면 자신이 하는 일에 대해 확신을 갖게 된다. 확신을 갖게 되면 그만큼 성공할 확률이 높다. 성공적인 삶을 살았거나 살고 있는 사람들은 자신을 믿고, 자기 확신이 강하다는 공통점을 갖고 있다. 그러나 자기를 믿지 못하고 자기 확신이 약하거나 없는 사람은 자신이 하는 일을 잘 해내지 못한다. 매사에 자신감을 갖고 당당하게 해나가 위해서는 자기를 믿고 자기 확신이 강해야 한다.

자기를 믿지 못하는 사람들과 이야기를 해보면 "내가 그걸 어떻게 해요."라고 말하거나 "나는 그냥 이대로 할래요."하고 말한다. 이런 자세는 매우 소극적이기 때문에 무슨 일을 하더라도 좋은 결과를 내지 못한다. 자신을 믿고 자기 확신을 강하게 기르기 위해서는 매사를 긍정적으로 생각하고 적극적으로 행해야 한다. 그렇게 될 때 자신이 원하는 것을 해낼 수 있게 된다.

슈거 레이 로빈슨은 세계 권투사에서 가장 뛰어난 선수라고 평가받는다. 그가 권투 전문가들에게 최고의 선수로 인정받는 것은 자신을 믿고 자기 확신이 그 누구보다도 강하기 때문이다. 그는 16년 동안 웰터급과 미들급 챔피언을 지냈다. 이 모든 것은 그의 천부적인 기량에 자신을 믿는 마음이 함께한 결과이다.

자신을 믿고 자기 확신을 강하게 하는 당신이 되라.

• 슈거 레이 로빈슨(1921~1989)
  미국 권투선수

21 신념의 보상

신념은 아직 보지 못한 것을 믿는 것이며,
그 신념에 대한 보상은 믿는 것을 보게 된다는 것이다.

신념은 강한 믿음을 갖게 하고 강한 의지로 모든 것을 행하게 한다. 신념이 강한 사람은 언제나 'Yes'하고 말한다. 이런 강한 긍정이 몸과 마음을 둘러싸고 있는 까닭에 신념이 강한 사람은 하는 일마다 좋은 결과를 낸다. 그러나 신념이 약한 사람은 언제 망설이거나 'No'라고 말한다. 그래서 신념이 약한 사람은 하는 일마다 나쁜 결과로 이어진다.

헝가리의 가난한 소년이 미국으로 갔다. 아는 사람도 없었고, 일할 곳도 없었다. 그는 노숙자 생활을 하기도 하고, 짐꾼으로 돈을 벌기도 했다. 어린 나이에 낯선 나라에서 산다는 것은 매우 고달픈 일이었다. 그런데다 사기꾼을 만나 얼마간의 돈을 사기 당하고 말았다. 그런데 이 일로 인해 그는 새로운 일을 하게 되었다. 자신의 억울한 사정을 신문에 투고했는데 그의 글 솜씨를 보고 편집장이 그를 기자로 채용한 것이다.

그는 발이 부르트도록 열심히 일해 언론인으로서의 능력을 키웠고 마침내 신문사를 인수하였다. 그는 다른 신문에서 하지 않는 새로운 콘텐츠를 개발하여 풍부한 읽을거리를 제공하였고, 사실을 바르게 전달하는 언론의 '원칙'을 준수하여 많은 독자들에게서 인정을 받았다. 그는 신문사를 크게 확장시키며 미국 최고의 언론재벌이 되었다. 그의 이름은 조셉 퓰리처이다.

그가 언론인으로 성공할 수 있었던 것은 원칙을 지키는 신념에 있다. 자신이 무언가를 이루고 싶다면 강한 신념을 길러야한다.

• 성 아우구스티누스(354~430)
  고대 로마의 교부 신학자이자 사상가

22 믿음의 선물

할 수 있다는 믿음을 가지면
그런 능력이 없을지라도
결국에는 할 수 있는 능력을 갖게 된다.

영국의 식민지였던 인도의 독립을 이끌어 낸 마하트마 간디는 연약한 소년이었다. 그런데 그랬던 그가 훗날 인도의 독립을 이끌어 냈다. 이는 한 인간으로 볼 때 매우 위대한 일이며 희망적인 일이다. 그가 위대한 인도 독립의 아버지가 될 수 있었던 힘은 무엇일까?

그것은 바로 '할 수 있다는 믿음'이었다. 간디는 귀족의 아들로 영국으로 유학을 갔다. 공부를 마친 그는 변호사가 되었고, 남아프리카공화국으로 가서 인도인들을 위해 일했다. 그러다 그의 인생이 바뀌는 사건이 일어났다. 그가 1등 칸 열차표를 갖고 있었지만 백인 차장에 의해 3등 칸으로 쫓겨난 것이다. 변호사인 자신도 이러한데 일반 인도인들의 삶은 안 봐도 뻔했다.

그는 인도인을 위해 싸우기로 결심을 굳히고 인도독립을 위해 무저항주의 운동을 펼쳤다. 총칼은 없었지만 무저항주의 운동은 인도인들의 마음을 결집시키는 데 큰힘을 발휘하였다. 많은 우여곡절을 겪으면서도 끝까지 싸워 결국 인도의 독립을 이끌어냈다.

간디가 보여준 무저항주의 운동은 평화주의 운동이다. 피를 흘리지 않아도 얼마든지 승리할 수 있다는 것을 전 세계에 보여주었던 것이다. 연약한 간디를 위대한 영웅으로 이끈 '할 수 있다는 믿음'은 참 좋은 마음이다.

• 마하트마 간디(1869~1948)
  인도의 민족운동 지도자. 무저항주의자

23 가장 큰 장애물

인생에서 가장 큰 고난은
우리가 얻고자 노력하지 않는 것이다.
당신의 희망을 가로막는 장애물이 큰 것이 아니라,
당신의 희망을 실현하려는 의지가 약한 것이다.
약한 의지력, 이것이 가장 큰 장애물이다.

자신의 꿈을 이루고 잘사는 사람과 그렇지 않은 사람의 가장 큰 차이점은 바로 노력하지 않는 것과 의지력이 약한 것이다. 꿈을 이루는 사람들은 강철보다도 더 강한 의지를 지녔다. 강한 의지력으로 노력하기에 그 어떤 고난도 물리치며 자신의 꿈을 이룬다.

독일이 낳은 최고의 지성이자 대문호인 요한 W. 폰 괴테는 시인, 변호사, 소설가, 정치인, 외교관, 생물학자일 뿐 아니라 그림에도 조예가 깊어 다방면에서 천재성을 발휘한 뛰어난 인물이다. 그가 다방면에서 두각을 나타 낼 수 있었던 것은 타고난 천재적 재능에도 있지만, 자신이 꿈꾸는 것을 이루기 위한 강철 같은 의지로 노력했기 때문이다.

그런데 만일 그가 많은 재능을 가졌다고 자신을 게을리하고, 우쭐거리고, 경망스럽게 굴었다면 어떻게 되었을까. 확언하는 바 오늘의 그는 존재하지 않았을 것이다. 뛰어난 천재성을 유감없이 보여준 괴테. 그는 세계문학사에 길이 남을 위대한 작가로, 지금 이 순간도 많은 사람들에게 꿈과 희망을 전해주고 있다.

• 요한 W. 폰 괴테 (1749~1832)
  독일 최고 시인, 작가, 과학자, 정치가. 독일 고전주의 문학의 대표 작가

24 독서의 자세

독서를 하는 데 있어 입으로만 읽고
마음으로 느끼지 아니하며,
몸으로 행하지 않으면 그 글은 다만 글자에 지나지 않는다.

조선 중기 때 학자인 율곡 이이는 독서의 바람직한 자세에 대해 마음으로 느끼고, 읽은 것을 실천해야 한다고 말했다. 아주 적절한 지적이라고 할 수 있다. 책을 읽고 느끼고 그것을 실천하지 않는다면 그것은 죽은 독서이다.

조선시대의 참된 선비들은 책에서 배운 것을 실천하지 않으면 안 되는 것으로 알았다. 그들은 옳지 않은 일엔 목에 칼이 들어와도 따르지 않았으며, 나라에 충성하고 부모에게 효를 다했으며, 벗을 의리와 신의로써 대했다. 또한 윗사람은 예로써 대하고 아랫사람은 덕으로 대했다. 이를 지키지 않는 사람과는 함께하는 것조차 부끄럽게 생각할 정도로 강직했다.

이를 잘 보여주는 대표적인 사례가 수양대군이 조카인 단종을 폐위시키려고 음모를 꾸미자 그것을 막기 위해 성삼문, 이개, 박팽년, 하위지, 유성원, 유응부 등이 결의를 하였다. 하지만 김질의 밀고로 이 계획은 수포로 돌아가고 말았다. 수양대군은 이들을 회유했지만 단호하게 거부하였다. 이들은 차디찬 형장의 이슬로 사라졌지만 그들은 만고의 충신으로 존경을 받고 있다. 이들을 가리켜 사육신이라고 한다.

신념을 지키기 위해 하나뿐인 목숨도 아까워 하지 않는 이들의 고고한 절개는 참된 선비만이 보일 수 있는 숭고한 정신이다. 이 모두는 책에서 배운 것을 그대로 따른 것이다. 실천이 따르는 독서야 말로 참된 독서이다.

• 율곡 이이(1537~1584)
　조선시대 문인. 성리학자, 교육자

이기는 사람의 마음가짐

**가능하다고
믿는 사람이 반드시 승리한다.**

미국의 시인이며 사상가인 랠프 왈도 에머슨은 "가능하다고 믿는 사람이 반드시 승리한다."고 말했다. 그렇다. 가능하다고 생각하고 하면 가능한 일이 된다. 말이 씨가 된다는 말이 있다. 다시 말해 말의 씨앗이라는 의미인데 좋은 말을 하면 좋은 일이 생기고, 나쁜 말을 하면 좋지 않은 결과를 낳는다.

종두득두種豆得豆라는 말이 있다. 이 말은 콩을 심으면 반드시 콩이 나온다는 뜻으로, 원인에 따라 결과가 생김을 이르는 말이다.

스티브 잡스는 임원들이 반대하는 일도 과감하게 자신의 생각대로 옮긴 것으로 유명하다. 임원들은 부정적인 입장에서 바라보았지만, 스티브 잡스는 긍정적인 입장에서 보았던 것이다.

그렇다면 결과는 어떻게 되었을까? 결과는 스티브 잡스의 생각대로 나타났다. 스티브 잡스가 애플로 복귀한 뒤 애플은 내놓은 제품마다 센세이션을 불러일으키며 최고의 판매실적을 올렸다. 이 모든 것은 애플이라는 거대한 배를 끌고 가는 유능한 선장인 스티브 잡스가 있었기에 가능했다. 스티브 잡스의 성공은 남들이 불가능을 말할 때 가능성을 보고 달려간 결과물이었다.

매사를 가능하게 생각하는 그대가 되라.

• 랠프 왈도 에머슨(1803~1882)
　미국의 사상가. 시인. 수필가

26 우리들의 임무

우리들의 중요한 임무는 멀리 있는 것이 아니라,
희미한 것을 보는 것이 아니라,
가까이 있는 분명한 것을 실천하는 것이다.

아무리 좋은 계획도 실천하지 않으면 휴지 조각과 같다. 실천이 따르지 않는 계획은 폐기처분되어야 마땅하다. 그러나 실천이 따르는 계획은 좋은 결과든 또는 조금은 부족한 결과이든 어떤 결과를 내게 한다. 그래서 계획이 세워지면 그에 따른 실천은 반드시 필요하다. 이런 까닭에 계획과 실천은 항상 같은 방향으로 함께 움직여야 한다.

사람들은 크게 세 가지 부류로 나눌 수 있다. 첫째는 계획을 세우고 그 계획대로 실천하는 것이고, 둘째는 계획한 대로 하되 하는 둥 마는 둥 하는 것이고, 셋째는 계획을 세우고도 실천하지 않는 것이다.

첫 번째 부류의 사람들은 자신이 원하는 결과를 얻지만 두 번째, 세 번째 부류들은 원하는 결과를 얻지 못한다. 그래놓고 자신이 얻지 못한 결과에 대해 남의 탓으로 돌리거나 환경을 탓하곤 한다.

밥이 먹고 싶으면 쌀을 씻고 밥을 해서 먹으면 된다. 밥도 하지 않고 밥을 먹으려고 한다면 이는 매우 어리석은 일이다. 자신이 하고 싶은 일을 이루고 싶다면 그 계획에 따라 충실하게 실천하라. 분명한 것을 실천하면 반드시 그 대가는 주어지는 법이다.

• 토머스 칼라일(1795~1881)
  영국의 사상가이자 역사가

27 인간에게 가장 중요한 진실

가장 중요한 사실은 당신이 할 수 있다는 것을 아는 것이다

전설의 테너 엔리코 카루소는 어린 시절 공장에서 일하며 집안을 도왔다. 학교에 다니고 싶어도 다닐 수 없었지만, 그에겐 꿈이 있었다. 최고의 테너 가수가 되는 것이었다. 그는 자신의 꿈을 이루기 위해 일이 끝나면 열심히 노래 연습을 했다. 노래를 부를 땐 눈물이 날만큼 행복했다.

그러던 어느 날 어떤 선생에게서 음악에 소질이 없다는 말을 듣고 슬픔에 잠겼다. 침울해 있는 그를 보고 "카루소, 나는 네가 훌륭한 가수가 될 수 있다고 믿는다. 그러니 지금처럼 열심히 하렴."하고 그의 어머니가 격려하였다. 어머니의 말에 용기를 내 노력한 끝에 최고의 테너가 되었다.

세계 최고의 동화작가로 불리는 안데르센은 글쓰기를 좋아해서 자신이 쓴 동화를 사람들에게 읽어주곤 했다. 그런데 어떤 여자가 너는 글쓰기에 소질이 없다고 하자 울면서 슬퍼하였다. 그때 그의 어머니가 말했다.

"안데르센, 내가 볼 땐 넌 틀림없이 훌륭한 작가가 될 거야. 그러니 아무생각하지 말고 열심히 쓰렴. 나는 너를 믿는다."

어머니의 말에 용기를 얻은 안데르센은 누가 뭐라고 해도 흔들리지 않고 열심히 글쓰기에 몰두하였다. 그리고 마침내 최고의 동화작가가 되었다.

인생에서 가장 중요한 사실은 자신도 잘 할 수 있다는 생각을 갖는 것이다. 그리고 그 생각을 실현하기 위해 카루소와 안데르센처럼 노력하면 된다. 자신을 믿고 실행하는 당신이 돼라.

• 로버트 앨런(1915~2014)
　미국의 정치인. 예일대학교 교수

항상 꿈꿔라

나는 밤에만 꿈꾸는 게 아니라
하루 종일 꿈을 꾼다.
나는 먹고살기 위해 꿈을 꾼다.

꿈이 있는 사람은 얼굴이 밝고 매사에 자신감이 넘친다. 또한 꿈이 있는 사람은 늙지 않는다는 말이 있다. '꿈' 속에는 그 꿈을 이루겠다는 열망이 강하게 작용을 함으로써 싱싱한 에너지로 넘쳐나기 때문이다.

미국의 유명한 로큰롤의 가수였던 엘비스 프레슬리는 트럭 기사였다. 그러나 그에겐 가수가 되고 싶은 열망으로 가득했다. 그러던 어느 날 음반회사 사장 비서인 마리 온 키스커의 눈에 띄어 〈블루 문 오브 켄터키〉와 〈뎃츠 얼 라이트 맘마〉를 녹음하였다. 이들 노래는 자주 방송되었고 인기를 끌었다.

이후 선 레코드사에서 출반된 2, 3차 싱글 앨범이 지역에서 잇따라 히트하는 행운을 얻었다. 이에 용기를 얻은 엘비스 프레슬리는 미국 남부를 순회하며 자신을 알리는 데 최선의 노력을 다했다. 그리고 그해 7월 〈베이비, 레츠 프레이 하우스〉가 최초로 전국적으로 히트를 하였고, 9월에는 〈미스테리 트레인〉이 히트되었다. 엘비스 프레슬리는 최다 차트 앨범, 최다 톱 텐 레코드, 최다 연속 톱 텐 레코드, 24년 연속 차트 등 새로운 기록들을 만들어내며 최고의 가수가 되었다.

엘비스 프레슬리가 성공할 수 있었던 것은 스티븐 스필버그의 말처럼 하루 종일 꿈을 꾸며 기회를 찾았기 때문이다.

• 스티븐 스필버그(1946~　)
　미국의 영화감독

희망은 사람을 버리지 않는다

**희망은 절대 당신을 버리지 않는다.
다만, 당신이 희망을 버릴 뿐이다.**

희망이 있는 한 누구든 자신의 꿈을 이룰 수 있다. 희망은 희망을 간직한 사람을 절대로 배신하지 않기 때문이다. 희망은 인간이 살아가는 이유이자, 과정이자, 목적이다. 그런데 우리사회에는 희망을 잃고 힘겨워하는 이들이 있다. 매우 가슴 아프고 안타까운 일이 아닐 수 없다.

그러나 희망을 다시 찾는다면 용기를 내게 되고, 꿈을 향해 나아갈 수 있다. 어떤 상황에서도 자신을 지켜내기 위해서는 희망을 잃어서는 안 된다.

랍비 아키바가 여행을 하고 있었다. 나귀와 개와 조그만 램프를 가지고 있었다. 아키바는 헛간을 발견하고 잠자기 이른 시간이라 책을 읽는데 갑자가 바림이 불어 램프 불이 꺼지고 말았다. 하는 수 없이 그는 잠자리에 들었다. 그런데 여우가 나타나서 개를 죽이고, 사자가 나타나서는 나귀를 죽였다.

이튿날 아키바는 어떤 마을에 도착했지만 사람들이 보이지 않았다. 간밤에 도적떼가 나타나서 사람들을 다 죽였다고 했다. 만일 개와 나귀가 죽지 않았다면 개와 나귀로 인해 그도 죽었을 것이다.

아키바는 이를 통해 '최악의 상황에서도 인간은 희망을 잃으면 안 된다. 나쁜 일이 좋은 일에 연결 될 수 있음을 믿어야 한다.'는 것을 깨달았다.

희망은 희망을 품고 노력하는 사람을 좋아한다. 희망과 밥을 먹고, 희망과 길을 가고, 언제나 희망과 함께하라.

• 리처드 브리크너 (1933~2006)
  미국의 소설가

낙관하고 긍정하라

무슨 일이든 낙관하고,
긍정적으로 생각하라.

이탈리아의 어떤 소년이 축구를 하다 눈을 다쳐 시력을 잃고 말았다. 소년은 앞이 보이지 않는 답답하고 힘든 생활을 의지 하나로 버티며, 열심히 자신의 길을 열어가기 위해 노력에 노력을 거듭하였다. 그는 피사 대학에 진학하여 법률을 공부했다. 그리고 법학박사학위를 취득하고 변호사가 되어, 여러 해 동안 법률가로 지냈다.

그러나 그의 가슴 속에는 노래에 대한 열망이 넘쳐났다. 그는 넘쳐나는 음악에의 열정을 감추지 못해 전설적인 테너 프롱코 코델리를 찾아가 그의 문하생이 되었다. 그는 1992년 이탈리아를 대표하는 록 스타 주개로와 인연이 되어, 주개로의 데모 테이프 제작을 위해 그와 함께 〈미세레레〉라는 노래를 불렀는데, 그의 노래를 듣고 테너 루치아노 파바로티는 감탄을 하며 칭찬을 아끼지 않았다.

그후 그는 널리 알려지기 시작했고 여지저기서 초청을 받고 연주회를 여는 등 바쁘게 지냈다. 그러는 동안 그는 세계적인 테너가 되었다. 그의 인생이 완전히 바뀌고 말았다. 그는 누구보다도 행복해하며 살고 있다. 그의 이름은 안드레아 보첼리이다.

그가 최악의 상황에서도 자신을 지켜내며 자신의 꿈을 이뤄낼 수 있었던 것은 낙관적인 성격에서 오는 긍정의 마인드를 가졌기 때문이다. 낙관적인 마음을 길러라. 낙관적인 마음은 성공의 마음이다.

• 정주영(1915~2001)
　현대그룹 창업주. 전국경제인연합회 회장(제 13대~17대)